Stefan Schwarz

Voller Wermut blicke ich auf mein Leben zurück

Geschichten vom Leben, Lieben und Abschiednehmen

seitenstraßen|verlag

Impressum

Originalausgabe 2020

Titelillustration: Jan Steins
Druck: CPI Moravia Books
ISBN 978-3-937088-30-3

Stefan Schwarz
@schwarzseher

Vor sich herschieben ist auch eine Art von Vorantreiben.

Der Begriff „Urinstinkt" enthält noch eine weitere Botschaft.

Ein einziger Buchstabe entscheidet, ob Menschen sich einigen oder einigeln.

Inhalt

Zuerst

Mein Name ist Stefan Schwarz. Ich bin jetzt fünfundfünfzig Jahre alt, und das sagt viel über unsere Gesellschaft aus. Ich habe Facebook den Zugriff auf meine Kamera, mein Fotoalbum, meine Bleistiftschale und meinen Dia-Projektor erlaubt. Netflix-Filme spule ich nach dem Anschauen immer auf Anfang zurück, damit es keinen Stress in der Videothek gibt.

Wenn meine Frau mit nassen Haaren in der Sauna saß, sieht sie nachher besser aus, als wenn sie für zweihundert Euro beim Friseur war. Neulich hat sie mir eine Szene gemacht, weil sie zehn Kondome in meiner Waschtasche gefunden hat. Ich wollte sie mit dem Hinweis beruhigen, dass ich die für den Urlaub eingepackt hätte, aber sie meinte, wir wären noch nie ein halbes Jahr in den Urlaub gefahren.

Mein Sohn arbeitet in einem Call-Center. Neulich rief eine Frau aus dem Erzgebirge an, und er musste sich ihren Namen buchstabieren lassen. Aber er kannte auch ihre Buchstaben nicht.

Der Freund meiner Tochter darf nicht mehr bei uns Abendbrot essen, weil wir so spät nicht noch mal einkaufen gehen wollen. Meine Blutwerte sind im Keller. (Seit ich den Ordner mit den Laborberichten runtergebracht habe.) Manchmal blicke ich voller Wermut auf mein vergangenes Leben zurück.

Stefan Schwarz
@schwarzseher

Ich habe mich abgefunden, aber die Abfindung war nicht sehr hoch.

Mutter war keine rote Gießkanne

Vater spricht nicht mehr so gern. Essen ist so »mmh«, Wetter ist so »hmm«, die extra frisierten Enkel sind so »hm-mh«. Das ist natürlich zu wenig Wortschatz. Selbst für ein Pflegeheim. Zumal hin und wieder dann doch Gesprächsbedarf besteht. Vater hat einen Pfleger auf den Hinterkopf geklapst, weil der ihn irgendwie falsch aus dem Rollstuhl gehoben hat. (Gewalt in Pflegeheimen ist keine Einbahnstraße!) Gefragt, was das solle, hat er nur geknurrt. Deswegen hat Vater eine Logopädin verordnet bekommen, die ihn verbal aktivieren soll.

»Und was ist das hier?«, fragt die Logopädin gerade, als ich besuchsweise das Zimmer betrete, und zeigt Vater eine Karte, auf der eine rote Gießkanne zu sehen ist.

»Sag ich nicht«, brummt Vater.

»Weil Sie es nicht wissen!«, provoziert die Logopädin.

»Doch, weiß ich«, nuschelt Vater grimmig, »aber Sie nicht!«

Die Logopädin zieht die Schultern hoch und sieht mich mit einem entschuldigenden Blick an. Ältere Menschen, steht da, schämen sich oft für ihre Vergesslichkeit und reagieren mit Trotz. »Das ist eine rote Gießkanne«, mische ich mich jetzt ein, weil ich es nicht ertrage, meinen Vater in so simpler Begriffsnot zu sehen. »Das ist eine rote Gießkanne!«, spricht jetzt die Logopädin sehr langsam, als wolle sie meinem Vater das Wort in Großbuchstaben in die Hirnrinde schnitzen. »Pah, mein Sohn hat es Ihnen verraten«, winkt Vater ab.

Es ist unübersehbar. Vater möchte nicht aktiviert werden. Er hat sein ganzes Leben lang nicht über rote Gießkannen sprechen wollen. Und er sieht auch jetzt offenbar noch nicht die Stunde gekommen, wo es angezeigt wäre, endlich mal offen über rote Gießkannen zu sprechen. »Gut, wenn Sie schon alles wissen, dann können wir ja die Karten weglegen und Begriffe raten«, meint die Logopädin etwas pikiert und holt ein kleines Büchlein mit Fragen hervor.

»Also, Herr Schwarz, raten Sie mal! Was ist das? Es macht Hemden glatt und Tischdecken.« Vater zieht die Augenbrauen zusammen und rollt mühsam mit dem geistigen Rollstuhl durch sein Gehirnstübchen. Dann hat er es raus. »Die Mutter!«

Seit ich denken kann, sagte mein Vater zu seiner Ehefrau »Mutter«, was mir als Sohn dieser Mutter zunächst ganz natürlich vorkam, bis ich herausfand, dass er sie auch »Mutter« rief, wenn sie allein waren. »Mutter« solle mal kommen. »Mutter« solle mal sagen. »Mutter« solle mal holen. »Mutter« war sein Simsalabim, mit dem man Essen auf den Tisch und gebügelte Hemden in den Schrank zaubern konnte.

Die Logopädin, beileibe keine Feministin, hat jetzt dann doch ein bisschen fertig und schließt ihren Aktivierungskoffer. »Wir machen ein andermal weiter. Wahrscheinlich lenkt sie der Besuch ihres Sohnes zu sehr ab.«

Als sie gegangen ist, setze ich mich neben Vater und hole die alten Familienalben raus, weil ich das Gefühl habe, ich müsste die Erinnerung an seine verstorbene Frau ein bisschen aus der Haushaltsecke holen. Wir blättern durch das Jahr 1973. Eine ganze Seite Schwarzweißfotos von einer Tanzveranstaltung. »Guck mal, hier«, sage ich, »deine Frau! Wie schön sie tanzt!« Vater späht durch seine Brille. »Ja! Die Mutter! Tanzt!«, sagt er einsilbig wie eh und je. Ich zeige auf Mutters Tanzpartner und frage, wer das sei.

Vater grübelt nicht eine Sekunde. »Na, der Horst Cibulla, der Stellvertreter des Rates des Kreises und Vorsitzende der Kreisplankommission, der später im Rat des Bezirkes für die innerbezirkliche Koordinierung von Rationalisierungsmitteln verantwortlich war. Wieso fragst du?«

»Ich wollte nur sichergehen«, freue ich mich über die heimlich gelungene Aktivierung, »dass es keine rote Gießkanne ist!«

Superkraft Briefkastenöffnen

Als der Sohn seine erste eigene Wohnung bezog, machte ich ihn beiläufig darauf aufmerksam, dass zu dieser seiner Wohnung auch ein Briefkasten gehört. Der Sohn nahm es schulterzuckend zur Kenntnis. Briefkasten, dachte der Sohn, was für ein altertümlicher, analoger Krempel! Schreib ich etwa Briefe? So mit Tintenfass und Gänsekiel? Sind wir hier bei Goethe und Schiller? So dachte er, aber ich bemerkte es nicht. Ich wähnte mich immer noch in einer allgemeinverbindlichen Kultur von Alltagsbräuchen und registrierte nicht, dass hier ein konkretes, lebenspraktisches Defizit vorlag. (Dass es keine allgemeinverbindlichen Regeln mehr gibt, ahnte ich schon, seit ich mal einem Dreijährigen seine heruntergefallene Mütze zurückgab und ihn dabei freundlich fragte: »Und? Was sagt man da?« Die Mutter rief sofort »Fick dich, du Nazi!«, was meines Erachtens die falsche Antwort war.)

Egal. Ein Jahr später rief mein Sohn aus seiner ersten eigenen Wohnung an, weil vor seiner Tür ein »Vollstrecker« stünde, ein »Vollzieher«, und er hätte voll die Macht oder die »Vollmacht« oder so was. Es klang, als wenn eine der muskelbepackten Figuren aus einem seiner Computerspiele plötzlich real geworden wäre. Wenn, dann offensichtlich aber nur, um alles Computerspielen zu beenden. Denn der Vollstrecker-Vollzieher wollte den Computer und die Konsole mitnehmen. Wir helikopterten sofort zu ihm und konnten den Gerichtsvollzieher gerade noch so davon abhalten, die lebenserhaltenden Geräte unseres Sohnes abzuschalten.

Wie konnte das passieren? Ich hatte vergessen, meinen Sohn in die bedeutende, lebensrettende Kulturtechnik des Briefkastenöffnens einzuweihen. Junge, stimmungssensible Männer scheuen das Briefkastenöffnen, denn wie sie bald herausgefunden haben, wollen Briefe nur Geld. Während sich in meiner Generation die Rechnungen noch im schönsten Fall mit Liebesbriefen und Urlaubskarten abwechselten, liegen da ja heute nur noch Anschreiben juristischer Personen drin. Irgendwelche Verkehrsbetriebe, die offenbar nicht darüber hinwegkommen, dass man ohne Fahrschein unterwegs war. Als würden all die hundert Male, wo man einen Fahrschein löste, nicht zählen! Die sollen sich mal locker machen. Es gibt überhaupt keinen Grund, wegen dieser Lappalie einen derart anzuschreiben!

Was tut also der junge Mann? Er verschiebt das erneute Briefkastenöffnen bis zu dem Tag, an dem es mal nichts Schöneres zu tun geben wird, als Briefe zu lesen, in denen von weiteren Kosten, einzutreibenden Haupt- und Nebenforderungen und von einer nunmehr irgendwohin übergebenen Angelegenheit die Rede ist. Doch kommt dieser Tag in Lebensfrist? Nein! Deswegen muss heuer das Briefkastenöffnen mit Begleitpersonen geübt werden. Die Begleitperson muss dabei einleuchtende, erzieherische Bilder bemühen wie die vom Toilettengang, nach dem man regelmäßig spülen muss, wenn man nicht will, dass die Scheiße irgendwann überquillt.

So gestärkt, lernt der junge Mann nun, Briefe am heimischen Tisch zu öffnen und zu verstehen. Er lernt begreifen, dass ein kleines Gebührenloch zeitnah zu verstopfen den ganzen Kahn seiner finanziellen Möglichkeiten vorm Untergehen bewahren kann. Oder wie Brecht schrieb: Das große Karthago bekam drei Mahnungen. Es war noch mächtig nach der ersten. Es war noch bewohnbar nach der zweiten. Es war nicht mehr auffindbar nach der dritten, an ein russisches Inkasso-Boxgym übergebenen Mahnung. Das sollte allen jungen Männern mit nunmehr eigenen Briefkästen eine, nun ja, Mahnung sein.

Stefan Schwarz
@schwarzseher

Émile Zola und sein schimmliger Bruder Gorgon Zola.

Auseinandergegessen

Als ich meine Frau, kurz bevor sie es wurde, nach dem Kino fragte, ob sie bis zum Frühstück bleibe, sagte sie freundlich nein, ergänzte aber, sie komme gerne zum Frühstück wieder. Und recht hatte sie. Was den Zeitanteil einer Lebensgemeinschaft betrifft, kann noch so üppiger Sex nicht mit einem üppigen Frühstück mithalten. Wenn meine Frau in spe also wissen wollte, ob sie es mit mir aushalten würde, musste sie einen Blick auf meinen Frühstücksteller werfen. Sie war's zufrieden. Es gab Schmelzkäse-Ecken, Leberwurst und Salami sowie Schrippen (Berlin!) und Kaffee türkisch. Wir aßen und tranken und verstanden uns so prächtig, dass wir uns danach erst mal hinlegen mussten …

Das war vor zwanzig Jahren. Doch während wir uns nach wie vor gemeinsam hinlegen, haben wir uns ziemlich auseinandergegessen. Es fing mit dem Aufstrich an. Meine Frau frühstückt gerne süß. Ich frühstücke gern herzhaft, um nicht zu sagen, wie ein Thüringer beim Schlachtefest. Beides ist gleichermaßen ungesund, und so belauern wir uns kauend, bewaffnet mit Argumenten wie feindliche Großmächte mit Atomraketen, mit Argumenten, die wir niemals einsetzen können, weil sie sofort einen Gegenschlag auslösen würden. Ich denke: Wie kann man nur Erdbeermarmelade! Blutzuckerspiegel! Sie denkt: Wie kann man nur Rotwurst! Blutfettwerte!

Die Differenz schien klein, aber hin und wieder führten unbewusste Mikroaggressionen dem schläfrigen Frühstückstischdecker die Hand, und dann fehlte je nachdem, wer zuerst aufgestanden war, Schwiegermutters Marmeladenglas oder der Wurstteller. Hinzu kam, dass meine Frau, sobald es unsere Mittel zuließen, einen Kaffeeautomaten ins Haus brachte, mit dem sie fauchend und dampfend gefühlte Minuten lang ihren Milchschaumhumpen füllte, in dem ein dunkler Klecks vermuten ließ, dass auch brauner Bohnensud zur Anwendung kam. Ich hingegen trinke Espresso. Klein und stark wie ich selbst. Und natürlich warte ich brav, bis meine Frau ihr Milchschaumbad eingelassen hat.

Dann war das Brot dran. Wir kauften jahrelang bei einem sehr soliden Mittelstandsbäcker ein sehr solides Roggen-Mischbrot. Innen saftig und mit einer schönen festen Kruste. Eine Krone des Bäckerhandwerks. So ein Brot, von dem selbst die unkritischsten Amerika-Begeisterten berichten, dass sie in den dortigen Supermarktreihen voll weißlich-schlabbriger Toastbrote nach ihm schmachten würden.

Doch eines Tages sagte meine Frau: »Ich habe uns mal neues Brot gekauft« und holte ein invertzuckersirupbraunes Fakebrot aus der Tüte, das mit dem berüchtigten Vitalkörner-Mix bestreut und innen krümelig wie ein Kuchen war. Ein klares Zeichen, dass hier ein von vornherein untaugliches Teiggerüst im Ofen endgültig zusammengebrochen war. Um alle berechtigte Skepsis zu besänftigen, prangte jedoch ein großes BIO-Zeichen auf einer Bauchbinde um das Brot.

Nun, gesunde Zutaten ergeben noch kein gutes Handwerk. Als ich meine Frau darauf hinwies, erklärte sie, dass sie unseres alten Brotes überdrüssig geworden sei. Ich antwortete, Brot sei ein Grundnahrungsmittel, das keinem kapitalistischen Modediktat unterworfen sei. Ebenso gut könne man der Atemluft überdrüssig werden oder des Wassers.

Aber alles Reden half nichts. Meine Frau fuhr fort, dieses Scheinbrot und sogar noch andere seiner Geschwister namens Fitnessbrot, Müslibrot, Weltmeisterbrot und so weiter zu kaufen. Schrotige oder krümelige Klumpen, denen sich mein Speichel versagte, denn noch hatte ich nicht den Mut, mir ein Extrabrot zu kaufen.

Die Schwelle dahin ist nicht umsonst sehr hoch. Brot ist ja das gemeinsame Lebensmittel schlechthin. Schon in der Bibel wurde das Brot gebrochen und untereinander verteilt. Jesus hat beim berühmten Speisewunder nicht fünftausend verschiedene Brote ausgereicht. Er hat nicht gesagt: »Hier, Miriam, hast du ein Chia-Samen-Omega-3-6-Brot! Und du, Gabriel, bekommst von mir ein Original Großmutter-Amaranth-Dinkel-Landbauernscheunenbrot!« Nein, eine Sorte. Für alle. Das ist Brot!

Es kam, wie es kommen musste. Wenn ich einkaufen ging, gab es mein Brot. Wenn meine Frau den Einkauf machte, gab es ihr Brot. In jedem Fall gab es aber Genörgel: »Du weißt, dass ich das nicht so gerne esse!« Schließlich kaufte ich zwei Brote. Zwei Brote sind aber eins zu viel. Und wenn ich ein vertrocknetes oder verschimmeltes Restbrot wegwarf, spann ich trübe Gedanken über zu sehr individualisierte Geschmäcker und zunehmenden Lebensmittelmüll.

Denn mitten in den Brotkriegen verweigerte mir meine Frau auch noch die abendliche Suppensolidarität. Zur Erklärung: Ich arbeite seit Langem an meiner Suppenkompetenz. Hühnersuppen, Minestrone, Kürbissuppe. Wohl nahm sie mal ein Schälchen, aber das war es dann auch. Aber Suppen kann man nun mal nicht im Tassenformat zubereiten. Ein Kürbis ist ein Großgemüse, und selbst für Zwerghühnersuppen braucht man mindestens einen Fünflitertopf. Und jeder weiß, dass Suppe erst am zweiten Tag richtig schmeckt. Oder am dritten. (Ich habe mal in Lissabon eine Suppe mit Schweinefleisch gegessen, die aus einem Kessel kam, der geschätzt seit Kolumbus' Zeiten auf dem Feuer stand. Er sah aus wie ein brodelnder Vulkan. Das Aroma war unvergleichlich.)

Weil meine Frau nur noch Kostproben meiner Suppenküche nimmt, enthält unsere Kühltruhe mittlerweile eingefrorene Suppenbeutel mehrerer Jahre, und Ernährungshistoriker werden dereinst Tiefenbohrungen aus unserem Froster nehmen, um den Körperfettanteil von Legehennen in der ersten Hälfte des XXI. Jahrhunderts bestimmen zu können.

Damit nicht genug, begann meine Frau plötzlich Salat zum Abendbrot zu machen. Wenn ich abends Salat esse, beginnen bei mir Prozesse, die zuverlässig weitere soziale Kontakte verhindern. Im Grunde genommen könnte meine Frau mich anhand des Salates der Untreue überführen. (»Wenn du wirklich nur zur Arbeit in diesem Tagungshotel bist, dann möchte ich, dass du jetzt vor meinen Augen einen Salat isst!«)

Tatsächlich machte ich mir Gedanken, ob das bekannte Wort, man sei von Tisch und Bett getrennt, bei uns nicht wenigstens schon zur Hälfte erfüllt sei. War es noch Liebe, wenn man das Essen des anderen gerade so tolerierte? Immerhin gab es in unserem Bekanntenkreis Frauen, die meine Kürbissuppe über das geziemende Maß hinaus lobten und mir dafür mehr als anerkennende Blicke zuwarfen, beim Brotangebot ohne zu zögern zu meiner ehrlichen, altväterlichen Sorte griffen und danach auch keinen Cappuccino-Eimer, sondern einen kleinen knackigen Espresso wollten. Ich musste bekennen, dass so ein demonstrativ gemeinsamer Geschmack für mich mittlerweile fast so anziehend war wie früher figürliche Reize. Und las man nicht in den Illustrierten, dass teuerste Escort-Damen von reisenden Geschäftsleuten oft nur gebucht wurden, um mit ihnen zu Abend zu essen? Es spricht ja einiges dafür, dass Essen nicht einfach nur der Sex des Alters ist, sondern die Tagseite der Erotik.

Aber ich wollte nicht fremdessen gehen. Gab es nicht irgendeine Art von Mediation, wo Paare wieder lernen konnten, mit einer Zunge zu schmecken? Ich ging zu Harald, der seit dreißig Jahren als Psychotherapeut arbeitet, Einzigartigkeit für Selbsttäuschung hält und bekannt ist für seinen Eröffnungssatz: »Sie sagen mir einfach Ihren Geburtsort, Ihr Alter und Ihren Beruf, und ich sage Ihnen, weswegen Sie hier sind!«

Harald steckte sich ein Zigarillo an und nebelte damit das Zimmer ein, was er macht, damit die Leute es sich nicht zu bequem machen und gleich zur Sache kommen. Als ich zu Ende geklagt hatte, sagte Harald: »Gut, dass du noch rechtzeitig um fachlichen Rat nachgesucht hast. Dein Instinkt hat dich nicht getäuscht. Auseinanderessen ist ein starkes Beziehungssignal.«

Ich rutschte erschrocken etwas in den Sessel. »Oh Gott, was meinst du damit? Ist es bald aus?« Harald drückte seinen Zigarillo in den Ascher und erklärte mit großer Geste: »Früher war eure Beziehung noch zu ungefestigt, um eure Eigenheiten auszuhalten. Jetzt, wo sie gemerkt hat, dass du ihr sicher bist, nimmt sie sich alle möglichen Geschmacksfreiheiten heraus. Doch wenn die Vorliebe wichtiger wird als die Liebe, ist es Zeit zu handeln! Du musst sie deiner verunsichern, zieh die Jogginghose aus, werde wieder gefährlich, dann wird sie dir auch bald wieder aus der Hand fressen …«

»Du meinst, dass meine Frau isst, was sie will, weil sie sich bei mir wohlfühlt?«

Harald machte eine seiner sehr berüchtigten unbestimmten Handbewegungen. Und genau das schätze ich an ihm. Dass er einem die Prioritäten klarmacht. Auch wenn es einem nicht immer schmeckt.

Im Villabajo der Sexspielzeuge

Einmal war ich bei einer Veranstaltung als Redner geladen, als mitten im Vortrag das Mikrofon seinen Dienst versagte. Ich spielte ein bisschen am Ein-und-Aus-Schalter herum, klopfte auch – wie es Männer so tun – auf dem Teil herum, bis ich endlich begriff, dass die Batterien alle waren. Eine Event-Managerin kam geeilt und brachte neue. Ich nahm sie entgegen und versuchte, den Batterieschacht zu öffnen, aber obwohl ich deutlich gelassener war als die peinlich berührte Event-Managerin, gelang es mir nicht. Peinlichkeit stockte die Luft. Schließlich nahm mir die Dame das Mikrofon weg, und in einer Rasanz, die ich bisher nur von Zauberwürfel-Schnelldrehern kannte, schnipste sie das Fach auf, revolverte die neuen Batterien gegen die alten, schloss und gab mir das Mikrofon wieder. Es mochte dies insgesamt drei Sekunden gedauert haben. Ich sah sie fassungslos an und verstand mit einem Mal, dass nur eine Frau, die schon hundertmal in sehr verzweifelt erregten Situationen die Batterien in einem immer langsamer verbrummenden Gerät gewechselt hat, so schnell sein kann.

Machen wir uns nichts vor: In erotischen Belangen ist die Technik eindeutig eine Sache der Frauen. Mögen auch die Betriebe noch so klagen, dass es zu wenige Mechatronikerinnen gibt. Dreiviertel des erotischen Gerätemarktes wenden sich an Muschi-Besitzerinnen. Das hat Gründe. Mit dem heutigen Stand der Technik lassen sich eindringliche Dinge leichter konstruieren als aufnehmende. Nicht nur, dass ein Plastikschwanz oder ein sonst wie gearteter Stimmungsstimulator baulich so simpel ist wie eine Mischung aus Nudelholz und Brummtopf. Er ist auch verdammt leicht zu reinigen. Einen Tisch abwischen dauert länger.

Ganz anders sieht es bei allen Rubbelzeugen aus, in die einsame Männer sich vertiefen sollen. Eine Viertelstunde Aufwärmzeit sollte man dem Kunststoff schon gönnen, es sei denn, man mag die Vorstellung, tote Eskimofrauen zu penetrieren. Danach wird es eher noch anstrengender. Während die Frauen in Villarriba schon beseligt in den Kissen schlummern und ihr Spaßmacher wieder trocken und sauber im Nachtschränkchen ruht, sind die Männer in Villabajo noch dabei, die besudelte Imitier-Dose auseinanderzuschrauben, ihre schnell keimende Keimflüssigkeit aus den Untiefen des nachempfindenden Silikons zu spülen und mit triclosanhaltigen Desinfektionslösungen davon abzuhalten, ungewollt pelzig zu werden.

Ich gebe zu, dass meine Recherchen nicht umfassend waren. Möglicherweise gibt es schon halbautomatische Kunstmösenspülgeräte für Single-Haushalte, die diese Arbeit leise rauschend über Nacht erledigen, aber wer will schon einen Klempner beauftragen, so ein Teil in der Küche anzuschließen? (Man könnte es auch selber machen, aber dann muss man sich später beim Wasserschaden im Haus den Versicherungsagenten offenbaren.)

Es bleibt dabei, der Spaß an der erotischen Technik ist klar auf der weiblichen Seite. Männer sollten das wissen, und dieser Text will dazu beitragen. Reichen Sie ihn also weiter, werte Damen! Zu wissen, dass es anders als im Vibratorenbereich keinen wirklich guten technischen Ersatz für eine liebende, leidenschaftliche und nicht zuletzt – ja, sorry – selbstreinigende Frau gibt, sollte Männer allzeit freundlich und aufmerksam gegenüber ihren Partnerinnen oder jenen, die es werden könnten, machen. Frauen können wählen – Männer nicht.

Stefan Schwarz
@schwarzseher

Ich glaube, ich habe vergessen, meinen Anwalt auszuschalten.

Alle, aber nicht die!

»Wie du weißt, mochte ich gütliche Trennungen noch nie. Dieses ›Wir bleiben Freunde‹-Ding. Eine Trennung sollte Furcht und Schrecken verbreiten, damit sich alle Herren im engeren und weiteren Freundeskreis dreimal überlegen, ob sie wirklich vom Sofa aufstehen und ihre Frau nach zwanzig Jahren verlassen wollen«, erklärt meine Frau, als sie nach dem Telefongespräch in mein Arbeitszimmer kommt, um Bericht zu erstatten. Sie guckt dabei entschlossen wie ein amerikanischer Präsident, der gerade die Exterminationsliste für den neuen Drohnenflugplan über Schurkistan unterschrieben hat.

»Wer muss diesmal dran glauben?«, frage ich denn auch mit resignierter männlicher Solidarität. »Kai-Uwe!«, sagt meine Frau. »Seine Ex hat das Wechselmodell abgesagt. Er kriegt die Kinder jetzt nur noch jedes zweite Wochenende ab Punkt 18 Uhr am Freitag.«

Ich fasse es nicht. Kai-Uwe! Der Mann von Erdmute. Das Paar, das nur zusammengezogen war, um sich in Ruhe auseinanderleben zu können. Das Paar, das sich ebenso christlich trennen wollte, wie es sich getraut hatte. Er war im selben Haus in eine andere Wohnung gezogen, um für seine Kinder da sein zu können. Sogar Weihnachten hatten sie noch zusammen feiern wollen. Und jetzt das!

»Was ist passiert?«

»Sie hat ihn mit seiner neuen Freundin gesehen! Händchen haltend und knutschend!«

Das ist wirklich kurios, wie eine Frau ihrem Ex nur dann alles Gute fürs weitere Leben wünscht, solange es nicht eintritt. Das »Alle, aber DIE nicht!«-Syndrom ist charakteristisch für Frauen in erst mal gütlichen Trennungen. Einerseits fühlt eine verlassene Frau sich sozial genötigt, erwachsen und vernünftig der Tatsache ins Auge zu sehen, dass sie nicht mehr geliebt wird, andererseits züngelt in ihr eine sizilianische Rachsucht, die erst dann Feuer schlägt, wenn der Ex mit der Nachfolgerin auftritt. Eine Ex-Frau begründet ihr »Alle, aber DIE nicht!«-Syndrom gern damit, dass die Nachfolgerin endlich die wahren Präferenzen des ehemaligen Lebenspartners enthülle und zeige, was für ein lächerlicher Hanswurst er sei, wenn er sich nach ihr mit solchen Weibsbildern einließe!

Aber langjährige Trennungsbeobachter wie ich wissen, dass es dem Hasswunsch völlig egal ist, ob die Nachfolgerin langbeinig ist und blonde Haare hat (»dumme Tussi«) oder klein und knuffig daherkommt (»fette Kuh«), studiert (»eingebildet«) oder alleinerziehend ist (»Resterampe«). Entscheidend ist eher die Tatsache, dass Kai-Uwe sich getraut hat, vor aller Augen noch einmal glücklich zu sein.

Natürlich darf man sich als Ex-Mann niemals verliebt in der Öffentlichkeit präsentieren. Ein Ex-Mann hat im allgemeinen Stadtbild ebenso wie in der konkreten Gegenwart seiner gewesenen Ehefrau nur eins zu sein: ein gebrochener Mann! Er muss immer durchblicken lassen, dass sein wahres Leben vorbei ist, er sich irgendwie durchschlägt, oft an die alten Zeiten zurückdenkt und eigentlich nur noch auf den Tod wartet. Und auch alle seine Freunde sollten, wenn sie seiner Ex-Frau begegnen, erzählen, dass sie ihn jüngst zwar getroffen hätten, er aber gar nicht gut ausgesehen habe, ein Schatten seiner selbst, ein Häufchen Unglück gewesen wäre. Nur so sind alimentäre Milde und umgangstechnische Gnadenerweise zu erreichen.

Mir ist sofort klar: Jetzt kann nur noch eine schnelle Umdeutung des Geschehens helfen. »Wann war das? Gestern? Hat sie ihn schon zur Rede gestellt? Nein? Gut, dann organisiere ich einen Fotografen, der beeidet, dass das alles nur für ein Foto-Shooting war!«

Fliegen lernen

Wir saßen am sonntäglichen Mittagstisch und ergingen uns behaglich zwischen Bohnen und Braten in Mutmaßungen über den kommenden Weltuntergang. Während ich die Überbevölkerung als Grund angab, wollte meine Frau den Klimawandel berücksichtigt wissen, die Tochter aber favorisierte das Insektensterben. Doch mit großbrüderlicher Geste fuhr ihr der Kronsohn dazwischen. »Das mit dem Insektensterben ist völliger Quatsch. Fliegen zum Beispiel gibt es wie blöd. Gerade jetzt. Ich trau mich schon gar nicht mehr, das Fenster in meiner Wohnung aufzumachen, aber irgendwie schaffen es die Viecher immer noch in meine Bude.« Missmutig wischte er mit einem Kartoffelstück in der Soße herum. »Wir haben Dezember«, benannte die Frau mit eisiger Fassungslosigkeit den entscheidenden Fakt, aber der Sohn ward davon nicht verstört. »Ich habe schon Fliegenfänger gekauft«, erzählte er munter weiter. »Das halbe Zimmer hängt voller Leimrollen, aber es hilft praktisch nichts.«

Meine Frau sah mich sofort mit diesem »Deine Gene!«-Blick an, den ich mit einem »Deine Erziehung!«-Blick quittierte. Die Trollprinzessin, die Intelligenz in Fräuleingestalt, ließ ihr Antlitz in die Hände fallen, eine jugendliche Geste aus der Internetwelt, die meine Mutter mit ihrem Vorkriegsenglisch als »Gesichtspalme« übersetzt hätte.

Die Lehrer hatten es offenbar nicht geschafft, dem Sohn in den kurzen Phasen zwischen Stören und Schlafen den Lebenszyklus der Stubenfliege im Ablauf der Jahreszeiten ins Gedächtnis zu prägen. Nun hatte sich das Leben selbst aufgemacht, ihm auf die harte Tour Unterricht in Vermehrungssubstrat und Populationsmathematik von Musca domestica, der Gemeinen Stubenfliege, zu geben.

»Wann hast du das letzte Mal den Mülleimer runtergebracht?«, fragte ich. Der Kronsohn dachte, ich wolle das Thema wechseln.

»Oh Mann«, erklärte er, »das kann dir doch egal sein. Ich lebe mein Leben, und ihr lebt euer Leben.«

Meine Frau warf voll sybillinischer Rätselhaftigkeit ein: »Und die Fliegen leben ihr Leben.«

Da wir drei von der Rumpffamilie ihn nun alle mit großartigen Auskunftsgesichtern ansahen, stöhnte er sich eine Antwort ab. »Ich muss den Mülleimer nicht so oft runterbringen wie ihr. Ich habe mir einen 120-Liter-Mülleimer gekauft. Sonst muss ich ja jede Woche damit runterdackeln.«

Meine Frau wurde auf der Stelle grün. Ich überlegte, ob es einen versicherungsrechtlich legalen Weg gab, seine Einraum-Wohnung kontrolliert abbrennen zu lassen. Langsam dämmerte dem Sohn nun doch ein Zusammenhang zwischen der Fliegenplage und seiner Indoor-Deponie. »Du meinst, die kommen aus dem …?«

Ich sah ihm tief in die blauen, von keinem spießbürgerlichen Hygienefimmel getrübten Augen. »Was war bisher die schlimmste Stunde in deinem Leben?« Der Sohn antwortete jetzt etwas verwirrt, der Überfall einer Gruppe so gut wie unbesiegbarer Orks im Computerspiel »World of Warcraft«, Level 60, am zweiten Weihnachtsfeiertag vor fünf Jahren habe sich ihm unauslöschlich eingebrannt. Er sei an dieser Stelle des Spiels dauernd gestorben, sooft er sich auch wiederbelebt habe. Nach dem zwölften Tod sei es dann notwendig geworden, den Drehsessel, auf dem er saß, umzutreten und auf ihn einzuschlagen, wobei er sich allerdings verletzt habe und mit der blutenden Hand beinahe die Tastatur versaut hätte. Aber nach ein paar Stunden habe er sich beruhigt und schließlich gewonnen.

»Gut«, sagte ich, »dann bist du bereit für dein größtes Abenteuer im Real Life! Den Blick in deinen Mülleimer.«

Stefan Schwarz
@schwarzseher

Bei den Süßigkeiten wurde er schließlich pfündig.

Die Radieschen von oben

Wir alle mochten Gerold. Bis er starb. Dann wurde es etwas komplizierter.

Gerold liegt in einem weißen Pappsarg, und wir sollen mit Fingerfarben was Persönliches draufmalen. »Mal mal für mich mit!«, sagt Carola zu mir. Sie trägt irgendwas Schwarzes von Givenchy und ist nicht darauf eingestellt.

»Pappsarg«, grummelt Felicitas hinter uns, »die werden sich bedanken im Krematorium. Der fackelt doch in fünf Minuten ab, und dann liegt der arme Gerold nackicht auf dem Brenner.«

Der Mann neben mir, offenbar ein Verwandter, wendet sich kurz zu uns: »Machen Sie sich keine Sorgen. Gerold hat sich für die sogenannte Promession entschieden. Bei diesem Verfahren wird der Leichnam gefriergetrocknet und dann per Vibration pulverisiert. Das Pulver kommt zusammen mit dem Pappsarg in eine Papiermühle, wird zu Brei verrührt, um Papier daraus zu schöpfen, aus welchem wiederum Lesezeichen mit einem Büttenzeichen G gemacht werden. Alle Trauergäste kriegen dann später so ein Lesezeichen zugeschickt. Er wollte sozusagen bei seinen Freunden zuhause begraben sein.«

Carola, die Hände andächtig vor dem Unterleib gefaltet, neigt sich vor und wirft dem Mann ein distanziert-beeindrucktes »Raffiniert!« zu.

»Man hätte ihn aber auch zu einer Buchstütze verpressen können«, erkläre ich dem Mann. »Immerhin war unser lieber Gerold Buchhalter von Beruf!«

Der Verwandte erwidert, dann hätte es wohl nicht für alle gereicht. »Er hat sich ja richtig Gedanken gemacht«, meint Felicitas, »deswegen nannte man das früher auch den Guten Tod, wenn man an Auszehrung oder irgendetwas Langwierigem starb. Man konnte noch alle seine Angelegenheiten regeln und Vorkehrungen für das Begräbnis treffen. Der Schlechte Tod war, wenn einen einfach nur der Schlag traf.«

Der Trauerredner vorne sagt jetzt, dass sich Gerold eine heitere Beerdigung gewünscht habe, und genau das habe ich befürchtet. Denn der Trauerredner, oder Last Entertainer, erzählt jetzt doch wirklich heitere Peinlichkeiten aus Gerolds Leben. Ich wollte aber ein bisschen weinen, auch wenn er nur ein Kollege war, ihn vermissen, weil er weder Frau noch Mann noch Kinder hatte und der Mensch ein Recht drauf hat, vermisst zu werden. Ich hätte ihn sozusagen stellvertretend vermisst. Und dann das.

Während die Trauergäste ihre Grüße und Bilder auf den Sarg malen, plärrt Geier Sturzflugs »Jajaja, jetzt wird wieder in die Hände gespuckt / Wir steigern das Bruttosozialprodukt« aus den kleinen Boxen in der Trauerhalle. Die leichte Beklemmung, die uns bei alldem umgibt, zeigt: Moderne Beerdigungen sind ein heikles Thema. Umso mehr, als der Bestattungsmarkt keinen schwarzgekleideten, eichenhölzernen Konservatismus mehr zwingend vorgibt. Auch der städtische Friedhof hat längst auf sein Monopol als verbindlicher Ruheort verzichtet. Vom Friedwald, wo die Asche ins waldweite Netz der Myzele einsickert, sich in wunderbare Symbiosen mit Lärche und Tanne verstrickt oder einfach als goldener Hallimasch an einer Wurzel aufpoppt, bis zur Seebestattung, wo der irdische Rest seiner selbst auf die große Reise der Meeresströmungen geht, ist heute alles denk- und machbar. Der amerikanische Reporter und Schriftsteller Hunter S. Thompson ließ seine Asche 2005 aus einer Kanone in die Luft schießen. Und schon 1973 ließ sich der schwedische Süßwarenfabrikant Roland Ohisson in einem Sarg nur aus Schokolade beerdigen. Eine süße Geste und ökologisch sowieso.

Um eins ganz klar zu machen: Individuell, originell veranstaltete Bestattungen sind keine Marotten. Sie sollen der üblichen Heuchelei am Grab vorbeugen. Wir wollen nicht als »aufopferungsvolle Mutter« oder »zuverlässiger Kollege« in die Erde gesenkt werden.

Ein Begräbnis ist heute nicht der letzte Akt der Selbstverleugnung, sondern ein wohlgesetzter Schlussakkord eines einzigartigen Lebens. Er soll eine letzte, oft überraschende Wahrheit über den oder die Verstorbene aussagen. Manchmal sogar eine, die man zu Lebzeiten für unangemessen gehalten hätte. Unser ehemaliger Justitiar Dr. Kielitz zum Beispiel ließ sich zu unserer absoluten Verblüffung in einem indianischen Ritus beerdigen, zu welchem sogar ein Schamane vom Stamme der Lakota angereist war, dessen Ehrenmitglied der brave Rechtsmensch gewesen war. Der Schamane wedelte mit brennenden Kräutersträußen und sang mit betörend gutturaler Stimme dazu. Die Zeremonie wirkte so authentisch, dass wir uns fragten, ob Dr. Kielitz in Wirklichkeit nicht eher ein Prärie-Indianer gewesen war, der sich für ein paar Stunden am Tag als Justitiar verkleidet hatte. Seine Gattin sagte denn auch mit einem Hauch Entschuldigung, dass dies sein letzter Wunsch gewesen sei, mit starker Betonung auf »letzter« und, ja, Erleichterung, dass nunmehr sicher keine weiteren Wünsche mehr kommen würden.

Aber Dr. Kielitz hatte sichergestellt, dass wir ihn nicht so bald vergessen, dass wir ihn in einem anderen Lichte erinnern würden. Unser Justitiar, der nie eine Miene verzog, wenn gerichtliches Unbill auf die Firma zukam, weil – wie wir nun wussten – Indianer keinen Schmerz kennen.

Am Ende bleibt aber trotzdem die große Frage: Wer bestimmt, wie getrauert werden soll? Der, um den getrauert wird, oder die, die um ihn trauern? Denn es bleibt ein schmaler Grat, wie uns Gerolds ausgetüftelte Beerdigung bewies. Das Lesezeichen ist ja nichts als ein trickreicher Versuch, in seinem schrägen Humor weiterzuleben, aber es gibt immerhin Menschen, die durch seinen Humor hindurchblickten, seine Furcht vor echten Beziehungen wie seine Sehnsucht danach sahen und jetzt einfach heulen wollten, weil da der Krebs etwas zu Ende gebracht hatte, was vielleicht doch noch eines Tages hätte werden können. Deswegen nehme ich, als ich dran bin, die Gott sei Dank vorhandene schwarze Fingerfarbe und drücke ihm meine Hände als Abdrücke auf den Pappsarg und tupfe mir zwei Tränen auf die Wangen. Felicitas ist ganz begeistert und macht es ganz genauso. Sogar Carola ist ihr Kleid plötzlich egal, und sie tut dasselbe.

Der Bestatter guckt unsicher, ob das jetzt noch im Rahmen von Gerolds striktem Trauerverbot ist.

Als wir später in der kleinen Kneipe beim Leichenschmaus sitzen und den zweiten Schnaps hinter uns haben, fragt mich Carola: »Weißt du schon, wie du dich mal bestatten lassen willst?« Sie hat sich vom Nebentisch eine Zigarette geschlaucht, weil sie im Angesicht der Endlichkeit immer diese »Ach, egal!«-Laune kriegt, und pustet jetzt traurige Wolken durch den Bierdeckelspender.

»Ich denke, das mit der Gefriertrocknung und der Papiermühle ist gar keine so schlechte Idee«, sage ich. »Aber ich will nicht bei euch zuhause einstauben. Ich will zu lauter kleinen Papierkügelchen gerollt und von dreizehnjährigen Jungs in einem sommerlichen Freibad mit Strohhalmen auf ebenso dreizehnjährige Mädchen gepustet werden. Auf dass sich totes Gedenken wieder in lebendige Aufmerksamkeit verwandelt. Das wäre mein Circle of Life!«

Auch ein sauberer Schnitt ist noch ein Schnitt

»Ich habe mit Malte Schluss gemacht«, sagt die Trollprinzessin und nimmt den laut bollernden Wasserkocher von der Basisstation.

Ich huste ein »Oha!«, weil man mit Marmorkuchen im Rachen keine Stimmritzenlaute produzieren sollte.

»Du brauchst also deine Schuhe nicht mehr immer gleich in den Schuhschrank zu stecken!«

Es ist leider wahr. Da ich es nicht ertrug, meine Schühchen und Stiefelchen neben die ausgelatschten 45er Oderkähne von Malte unter die Flurgarderobe zu stellen, habe ich sie immer gleich in den Schuhschrank gequetscht. Da dies aber kaum der Grund für die Trennung gewesen sein wird, frage ich nach. Die Trollprinzessin zuckt mit den Schultern. »Irgendwie ist der Funke nicht übergesprungen!«

Ich zähle kurz die Monate dieser Beziehung durch. »Da ist der Funke aber sehr lange nicht übergesprungen.«

Die Trollprinzessin ertränkt hingebungsvoll einen Teebeutel im heißen Wasser des Teepotts und meint: »Gut, der Funke ist übergesprungen, aber er hat nicht gezündet.«

»Hat er nicht gezündet, weil der Funke nicht heiß genug war oder weil zu wenig Entzündbares da war?«, erkundige ich mich listig.

Meine Tochter rollt jetzt mit den Augen. »Ich habe jedenfalls nicht mit Malte Schluss gemacht, damit Vati endlich zeigen kann, wie er die Wahrheit mit dem Metaphern-Lasso einfängt!«

Gut. Verstanden. Dann eben keine tiefgründige Aussprache. Also nehme ich sie einfach in den Arm, weil man in den Arm genommen werden muss, wenn man sich ehrlich gemacht hat. Abschied ist ein scharfes Schwert, wusste schon die alte Brummröhre Roger Whittaker. Es verletzt auch den, der es führt.

Nach ein paar Sekunden stiller, heilender und tiefinniger Umarmung drängeln sich aber trotzdem noch ein paar Fragen auf meine Zunge. »Und? Wie hat er reagiert? Hat er es gut aufgenommen? Hat er verstanden und akzeptiert? Hast du ihm vorher schon mal Signale gesendet, dass eure Beziehung endfällig werden könnte? Ich meine, es ist immer besser, wenn es einen nicht so aus heiterem Himmel trifft. Vielleicht hatte er ja auch schon selber gemerkt, dass eure gemeinsame Reise etwas rumpelig wurde! Hast du ihm auch vermittelt, dass es nichts mit ihm zu hat, dass er als Mensch völlig in Ordnung ist und dass andere Mädchen sich nach wie vor glücklich schätzen würden, in die Gunst seiner Zuneigung zu kommen? Ich meine, das trifft einen jungen Mann naturgemäß bis ins Mark, wenn mit ihm Schluss gemacht wird.

Er fragt sich immer gleich, ob es was Physisches ist, eine zu hohe Stimme, zu wenig Bartwuchs, angewachsene Ohrläppchen. Das Selbstvertrauen ist bei Jungs in diesem Alter sehr instabil. Nicht, dass er irgendwas Komisches macht ...« Die Trollprinzessin entwindet sich nun behutsam meiner Umarmung, um eine unnötige Ziehzeitüberschreitung des Tees zu verhindern.

Ich benutze meine frei gewordenen Arme, um etwas raumgreifender zu argumentieren: »Ich meine, wenn du vorher etwas angedeutet hättest, dann hätte ich mit Maltes Eltern telefonieren können, dass die zum Beispiel zuhause sind und vielleicht ›zufällig‹ sein Lieblingsessen gekocht haben, wenn er traurig vom Schlussmachen heimkehrt. Oder ich hätte über Maltes Eltern ein paar Freunde aktivieren können, die ihn gleich zum Beachvolleyball mitnehmen, am besten mit ein paar anderen Mädels, damit er sieht, dass es eine Zukunft gibt und dass sie hüpft.«

Die Trollprinzessin hebt jetzt den Teepott vor ihre süße Nase und guckt mich mit einem Ausdruck kindlichen Bedauerns an: »Echt, Papa? War es so schlimm bei dir?«

Stefan Schwarz
@schwarzseher

Beim Kinderbetreuen verschwindet nach einer Weile das ›t‹.

Das wär dein Lid gewesen

Ich überlege, ob ich mir mittelfristig das Lid straffen lasse«, sagte Jörn und kaute dann sinnend den edlen Rotwein, den ich ihm nachgeschenkt hatte. Wir standen auf einer Party zusammen, und es war laut, und das Wort Lid kommt so selten in Männergesprächen vor, dass mein Gehirn die Autokorrektur einschaltete.

»Ich würde da nicht so lange auf fremde Hilfe warten«, erklärte ich denn auch, »das geht eigenhändig auch ganz gut.« Jörn sah mich etwas verwirrt an und zog sich zur Illustration die Augenbrauen auseinander. »Soll ich den ganzen Tag mit den Händen an den Schläfen rumlaufen?«

Jetzt verstand ich, dass er von einem chirurgischen Eingriff am Augenlid sprach. Ein ungewohntes Thema. Ich wusste wohl, dass auch kluge und selbstbewusste Frauen ab einem bestimmten Alter im kleinen Kreis erörtern, ob sie nicht doch etwas »machen lassen« sollten. Nicht so sehr die bekannten Polsterarbeiten, die ausschließlich haptisch orientierten Männern gefallen könnten, sondern eher so Korrekturen des zunehmend säuerlich wirkenden Selbstausdrucks wie etwa Oberlippenfältchen. (Bekommen Frauen meiner Meinung nach nur, weil sie zu oft zu skeptisch den Mund spitzen, wenn Männer ihre bedeutenden Vorträge halten.) Aber gestandene, edel zerknitterte Herren? Okay, Jörn ist Chefverkäufer im Autohaus, hat viel Kundenkontakt und braucht eine dynamische Ausstrahlung.

»Ich habe schon mal mit einem Schönheitschirurgen gesprochen, und der meinte, das wäre völlig unproblematisch«, sagte Jörn.

»Frag mal einen Fliesenleger, was der beste Bodenbelag im Wohnzimmer ist«, konterte ich, weil ich wenig Vertrauen in die Neutralität von Chirurgen habe. Von allen Ärzten ist der Chirurg der von seinem Beruf am meisten Besessene. Chirurgen müssen operieren, ob sie wollen oder nicht. Chirurgen sind eigentlich als Ärzte verkleidete Kreuzungen aus Fleischer und Schneider. Das ist ein Segen, wenn der Blinddarm raus muss, aber ein Risiko, wenn man sich das Gesicht wieder jung flicken lassen will.

Jörn wandte ein, dass ein Kollege aus Berlin sich erst unlängst diesem Eingriff unterzogen hätte, und das Ergebnis wäre fantastisch. Wo vorher Charles Bronsons Schlitzaugen mürrisch auf den Kauf gewartet hätten, strahle jetzt ein murmeläugiger Robert Downey Jr. die Kunden an.

»Ja«, sagte ich, »aber auf eine Cher kommen hunderttausend untote Mürbeteiggesichter!« Ich mahnte überdies, das männliche Augenlid sei kein Hodensack und der Straffungsspielraum wäre an dieser mimisch wichtigen Stelle äußerst gering. Eine verkaterte Montags-OP, ein Husten der Schwester zur falschen Zeit, und schon würde er seine Mitmenschen nicht mit leuchtenden Kinderaugen ansehen, sondern mit einem festgeschnallten Starren fassungslosen Entsetzens. Und wie viel Kunden würden bei ihm ein Auto kaufen, wenn er sie unentwegt mit weit aufgerissenen Augen und einer »Oh, mein Gott! Wirklich?«- oder »Das ist jetzt nicht wahr, oder?«-Miene anglotzte? Ich empfahl Jörn, es erst mal mit Klebestreifen zu versuchen. Damit könnten OP-Unentschlossene den Effekt für einen Tag simulieren.

Anderthalb Monate später traf ich ihn wieder. Ein Auge war verbunden.

»Hast dich also doch gleich operieren lassen, anstatt es erst mal mit Klebestreifen zu versuchen!«, knurrte ich.

»Nee, war ein Unfall. Hab mich hingepackt!«, sagte Jörn und blitzte mich mit dem verbliebenen Auge an. »Einer von deinen blöden Klebestreifen ist abgeschnipst und hat mir das Auge verklebt beim Fahrradfahren.«

Haus ohne Freund

Die Tintern-Abbey in Wales interessiert mich nicht. Null. Mich interessiert nicht, wie gut sie noch erhalten ist. Mich interessiert nicht, wie viele Poeten und Maler und andere nach Morbidität und Verfall Schmachtende sie inspiriert hat. Für mich ist es ein Haufen Steine. Ich langweile mich zu Tode.

Oh Gott, werden Sie jetzt sagen, was für ein Banause. Und wenn Sie dann noch erfahren, dass ich verheiratet bin, werden Sie sagen: Die arme Frau!

Recht haben Sie. Meine Frau liebt Ruinen. Ich hasse Ruinen. Ich bin Mitte fünfzig. Wenn ich etwas sehen will, das langsam kaputtgeht, stelle ich mich nackt vor den Spiegel. Aber meine Frau ist anders. Sie pirscht über das Gras im Kirchenschiff und macht »mystische« Fotos, allesamt erhabene Seufzer der Endlichkeit. Ich gucke derweil auf die Uhr. Die Cafés sahen mir hier alle so aus, als ob der Waliser früh schließen täte. Elende Ruinen und keinen Blaubeermuffin im Magen wäre eins zu viel für diesen Urlaubstag. Also stöhne ich. So laut, dass sich andere, natürlich deutsche Touristen, nach uns umdrehen.

Wie hält die Frau es mit diesem Mann aus?, werden Sie jetzt fragen. Dem hätte ich schon längst Bescheid gesagt. Ach was, den hätte ich schon längst in die Wüste geschickt.

Nicht so schnell, verehrtes Publikum! Ich bin ein exzellenter Koch. Ich bin belesen, informiert und eloquent. Und ich gehe gern in die Oper. Ich kann auf Turnierniveau tanzen, und zwar Standard und Latein. So was schickt man nicht leichtfertig in die Wüste wegen einem Fünftel Unverträglichkeit. Meine Frau hat also gute Gründe, mit mir zusammenzubleiben. Aber sie tut mir auch ein bisschen leid, dass sie sich damals mit mir auf ein langes Leben voller Urlaube eingelassen hat, ohne zu ahnen, dass ich Ruinen hasse.

Da aber meine Frau ohne moosbewachsene Keltenkreuze und wüste Klöster nicht leben kann, wäre es besser, meine Frau führe mit einem anderen, einem Hausfreund, einem Verehrer in den Urlaub. Einem Mann, der schon von sich aus aufgeregt im Auto ruft: »Da hinten scheint ein seit Langem verlassenes Gebäude zu stehen! Lassen Sie uns hinfahren, verehrte K…, und an dieser romantischen Stätte verweilen!« (Denn selbstverständlich würde ein Verehrer meine Frau mit ihrem Vornamen ansprechen, aber siezen.)

Ja, ich bekenne: Ich wünsche meiner Frau einen Verehrer. Einen Hausfreund, wie man früher sagte. Einen Mann von einigem Aussehen, auf dass er sie schmücke, und natürlich mit besten Manieren. Sie hat es einfach verdient, dass jemand all die Passionen mit ihr teilt, die ich nicht mit ihr teile. Meine Frau guckt zum Beispiel gerne Filme mit Frauen, die eine tödliche Krankheit diagnostiziert bekommen und dann noch mal richtig anfangen zu leben. Hier hat ein Hausfreund seinen angemessenen Platz. An ihrer Seite. Sie könnte am unvermeidlichen Ende schluchzen und hätte eine Hand zum Drücken neben sich. Meine würde sie da nämlich nicht finden, weil ich seit anderthalb Stunden schweißgebadet meine Lymphknoten abtasten würde. Meine Frau besucht gern »Classic Open« auf offener Wiese. Ich halte Freiluftkonzerte mit klassischer Musik für auditive Barbarei.

Hier fehlt klar ein Hausfreund, der den Picknickkorb trägt und das Piccolöchen aufschraubt, während meine Frau es sich im Gras vergeblich bequem zu machen versucht.

Meine Mutter hatte leider keinen Hausfreund. Ein einziges Mal, als junge Mutter eines vierjährigen Knaben, sprach sie ein verwegen schnauzbärtiger rumänischer Zirkusartist auf der Straße an und flehte sie an, mit ihm durchzubrennen, aber meine Mutter griff nicht zu. Sie war auch nicht ganz frei in der Entscheidung. Ich stand daneben.

Meine Mutter sagte oft: Man kann nicht alles haben im Leben! Das hieß, dass mein Vater zwar ein netter Ehemann war, aber leider dazu neigte, bei Festlichkeiten Bier und Weinbrand zusammen zu trinken. Und zwar in schneller Folge. So hatte meine Mutter, wenn alle nach Hause gingen, noch den Abtransport einer hilflosen Person zu organisieren. Mit einem Hausfreund im Hintergrund hätte sie vielleicht den Mut gefunden, ihn einfach in der nächsten Bushaltestelle liegen zu lassen und lieber noch einen Mondscheinspaziergang mit

Hans-Werner zu machen. Ein Hausfreund macht es möglich. Er springt ein, wo der Gatte eine Lücke lässt.

Meine Frau nimmt jetzt den Fotoapparat herunter und sieht mich an. Die Sonne sinkt und macht perfektes Licht für die superromantischen, verwitterten gotischen Bögen der Tintern-Abbey. Für mich sinken mit der Sonne die Chancen auf einen Blaubeermuffin mit Cream Tea. »Los, reiß dich jetzt mal noch eine Viertelstunde zusammen!«, sagt sie. Ich mag nicht, wenn meine Frau mit mir wie mit einem Kind spricht. Deswegen sollte hier ein Verehrer stehen. Jemand, der niemals Hunger hat und der sie hernach an den Händen fasst und sagt: »Mir ist an diesem Ort, als wären wir uns schon einmal in einem längst vergangenen Leben begegnet!« Dann würde meiner Frau ein romantischer Schauer über den Rücken prickeln.

Wenn ich das sagen täte, würde sie nur gezwungen lächeln, weil sie wüsste, ich meine es nicht ernst. Ich kann es nicht ernst meinen, denn wir sind uns ja in der Vergangenheit begegnet – und zusammengeblieben. Ein Verehrer hingegen meint alles ernst. Er bringt die Frische der Erwartung, des »Wer weiß …?« ins Spiel. Meine Frau könnte sich alle möglichen Sachen mit ihm vorstellen und ein bisschen mit dem Feuer spielen, ohne gleich die Hütte abzufackeln. Anders als einen echten, neuen Partner muss man einen Hausfreund ja nicht seinen Kindern vorstellen. Es gibt keine Informationspflichten gegenüber Eltern und Freundeskreisen. Herrliche Unverbindlichkeit begleitet den Verehrer.

Stopp mal!, werden Sie jetzt rufen. Wie wäre es denn, wenn der gelangweilte Ehemann sich mal selbst aus der Komfortzone bewegt und ein anderer wird, damit seine Frau wieder Vibrationen bekommt? Das ist ein sehr populärer Rat in unserer an Selbstmanagement glaubenden Welt, aber er hat ein paar Haken. Der erste ist die Zeit, die das braucht. Wenn die Klospülung kaputt ist, können Sie sich zum Klempner »weiterentwickeln« oder einen bestellen. Ich bin für Letzteres. Und ganz sicher ist es in unseren Zeiten leichter, einen Hausfreund zu finden, der William Wordsworths walisische Wanderungen aus dem Kopf zitieren kann, als einen Klempner.

Das zweite Problem ist, dass viele Frauen sich von ihrem Mann wünschen, er möge sich verändern, aber entsetzt sind, wenn er es tut. Wenn Sie zum Beispiel als Mann nie im Bett »dirty talk« gemacht haben, können Sie nicht einfach damit anfangen. Mit viel Glück erntet ein Mann nur Überraschung à la »So kenne ich dich ja gar nicht!«. Im schlimmeren Fall aber Dämonenbeschwörung vom Schlage »Was ist nur in dich gefahren?«.

Und hier ist mein eigentlicher Hintergedanke: Hausfreunde passen eben nur in die Lücke. Darüber hinaus würde meine Frau schnell merken, dass Romantik auch anstrengend ist. Immer die Spannung halten, sich niemals gehen lassen, nur Worte aus dem Rosenkästlein. Nebenbei würde sie auch merken, dass ihr Verehrer auch so seine Macken hat und dass er affig die Lippen schürzt, bevor er seinen Wein schlürft, oder dass er gerne »Wunderbärchen!« sagt. Das will man vielleicht dann doch nicht das ganze Jahr durch haben, und deswegen würde meine Frau dank des Hausfreundes meine Muffigkeiten vielleicht auch mal mit freundlichen Augen sehen. Womit alle was von hätten.

Stefan Schwarz
@schwarzseher

Meine Frau hat mir gerade echt die schlechte Laune verdorben.

Die Unverletzlichkeit des eigenen Dreckschlüppers

Reich beschenkt ward der Sohn zu seinem Geburtstag. Zwei Kisten waren nötig, um die Präsente transportabel zu machen. Da der Stammhalter wie alle hauptsächlich im Internet Verkehrenden kein Auto fährt, chauffierte ich ihm die Kisten zu seinem Heim, und zusammen trugen wir sie hoch. »Kannste abstellen!«, sagte der Kronsohn, als ich mit der Kiste vor der Wohnungstür stand. »Ab hier komm ich allein klar!«

Ich hielt die Kiste aber weiter vor der Brust und meinte, das wäre doch jetzt Quatsch, er solle einfach schnell aufschließen, und ich würde sie noch reintragen und dort absetzen. Aber der Spross meiner Lenden weigerte sich. »Sorry, Vater, ich kann dich nicht reinlassen! Privatsphäre und so!« Ich fragte ihn, ob »Privatsphäre« jetzt das neue Wort für Pizzaschachteldeponie sei, doch der Sohn blieb hart. »Auf Wiedersehen, lieber Vater! Danke für alles! Komm gut heim!«

Ich setzte die Kiste genervt ab und meinte, dass seine Wohnung unmöglich schlimmer aussehen könne als in meiner Fantasie und dass er sich hiermit der Möglichkeit beraube, die Realität über meine düstersten Visionen triumphieren zu lassen. Ich sei mir zwar sehr sicher, dass ich nach der Überwindung der Pizzaschachtelbarrikade auf einem knirschenden Teppich abgeschnipster Zehennägel und leerer Gummibärchentüten in sein Zimmer treten würde, aber möglicherweise würde seine Herkunft aus einem bürgerlichen Musterhaushalt ihn daran gehindert haben, Popel an die Wand zu schmieren. Und das würde ich dann doch mit Befriedigung registrieren. Wir waren nie Popelschmierer, und mein diebischer Ururgroßvater hat selbst in seiner Gefängniszelle nie Popel an die Wand geschmiert, obwohl die Langeweile ihm dringend dazu riet. Doch der Sohn ließ sich von meinem Humor nicht einfangen. »Wenn ich dich reinließe, würde ich mich schämen«, erklärte er, »und vor lauter Scham würde ich mir anschließend noch mehr Pizzas bestellen. Willst du das?«

Es ist ein eigen Ding mit der Scham junger Menschen. Sie ist ja nur da, wenn der Vater vor der Tür steht. Wenn er sich umdreht und geht, nimmt er die Scham gleich wieder mit. Denn der Genuss der ersten eigenen Wohnung besteht hauptsächlich darin, dass man seine Dreckschlüpper ungestraft überall liegen lassen kann. Man wird quasi wahnsinnig vor Ungestraftheit. Man kann sogar seine Dreckschlüpper an die Lampe hängen oder auf die unabgewaschenen Teller in der Spüle schmeißen, ohne dass jemand das sarkastisch kommentiert.

Die zweite Phase kommt, wenn man seinen Vater wieder in die Wohnung lässt, aber erhobenen Hauptes, da man beschlossen hat, dass einem das Urteil anderer Mensch gleichgültig ist, weil man ein unverwechselbares, eigenständiges, ja rebellisches Dreckschlüpper-Individuum ist.

Die dritte Phase schließlich beginnt, wenn man in der Firma überraschend ein eigenes kleines Zimmer, will sagen, eine ausgeräumte Abstellkammer bekommt, weil die Kollegen trotz Lüftens nicht mehr imstande sind, mit einem im selben Raum zu arbeiten, und der Vater nicht mehr vor der Tür stehen kann, weil er im Pflegebett liegt.

Dann fragt man sich, ob es nicht noch mehr im Leben gibt als nur die Freiheit, irrlichternden Impulsen zu folgen. Man schaut in den Spiegel, in dem dann ein riesiges Gummibärchen mit dem eigenen Gesicht steht, und beginnt seufzend, die Pizzaschachteln wegzuräumen, schmeißt die Waschmaschine an und kauft sich Nordic-Walking-Stöcke.

Leider lassen sich diese Phasen nicht vermeiden. So umarmte ich meinen breiten Sohn, so gut es ging, und trollte mich ohne Worte.

Möbelfilme mit Nackedeis

Der AVN-Award für Erwachsenenfilme, auch Porno-Oscar genannt, hat um einiges mehr Kategorien und Unterkategorien als sein weniger freizügiges Vorbild. Insgesamt gibt es 166 (!) Preise für fast wirklich alles, was Menschen vor der Kamera mit ihren Geschlechtsteilen anstellen können. Es gibt nicht nur den Best Spanking Scene Award für hervorragendes Popoklatschen, sondern auch den sehr löblichen Best Safe Sex Award sowie den beispielhaften Underrated Starlet Of The Year Award, auch Unrecognized Excellence genannt. Den bekommen Pornosternchen verliehen, deren Kunstfertigkeit sich der breiten Masse noch nicht erschlossen hat. Fast scheint es, als könne man von dieser nicht gerade als philanthropisch geltenden Branche noch etwas lernen. Schließlich stünde es jedem Unternehmen gut zu Gesicht, den »Unterschätzten Mitarbeiter des Monats« auf seinen Fluren zu lobpreisen.

Und doch gibt es einen blinden Fleck im Erwachsenenfilm, eine preiswürdige Zutat, die dagegen in der echten Oscar-Preisverleihung schon sehr lange als ganz selbstverständlich gilt. Es ist der Preis für die Ausstattung oder, genauer gesagt, das Szenenbild. Dieser Mangel wurde unlängst offenbar, als ein Mann mit dem Nutzernamen BedSheetRater begann, bei Pornhub die Qualität der Bettlaken zu bewerten. Ihn interessierte nicht, ob sich da ein unerkanntes Talent betätigte oder ein Hintern meisterhaft versohlt wurde, nein, er sah einzig darauf, ob Qualitätsbettwäsche zur Unterlage kam. Gnadenlos senkte er den Daumen, wenn zweitklassiges Linnen, Wühltischware oder hygienisch zweifelhaftes Tuch das Sportmöbel bedeckten.

Kündigt sich hier ein Paradigmenwechsel an? Wir müssen uns den Einfluss vor Augen halten, den der Blick in fremde Vögelwelten unbewusst auf Porno-UserInnen ausübt. Möglicherweise ist das Sitzsofa »Klippan« von IKEA auch deswegen so beliebt, weil es als offenbar sehr ergonomisch konstruiertes Begattungsgestell mit ausgetüfelten Rammelmaßen in jedem zweiten Porno auftaucht. Könnte hier ein Ausstattungspreis für Erwachsenenfilme nicht stilbildend, ja stiländernd wirken?

Sind die Settings, in denen Ärzte über ihre Patientinnen oder Sekretärinnen über ihre Chefs herfallen, nicht oft bedrückend schäbig? Könnte man den Sex nicht aufwerten, indem man ihn in wertigeren Umgebungen inszeniert? Die Antwort auf diese Frage lautet leider: Nein. Das Fehlen eines Ausstattungspreises für Erwachsenenfilme ist nicht etwa Zufall, sondern hat einen guten Grund. Während Oscar-prämierte Filme von ihrer verblüffenden Glaubwürdigkeit auch im Szenenbild profitieren, leben Sexszenen im Pornofilm von ihrer krassen Unglaubwürdigkeit. Professionell gefilmter Sex ergibt sich nicht psycho- und überhaupt rein logisch aus der Handlung, sondern »passiert«. Urplötzlich. Ohne Vorwarnung. Die unvermeidbare Omnipräsenz des Geschlechtsverkehrs ist das Versprechen des Erwachsenenfilms. Auf Dächern und in Kellern, in Villen und Jagdhütten, in der Großküche und im Hühnerstall, in Porzellanläden und auf Friedhöfen – warten Sie es nur ab, sobald zwei oder mehr Menschen an solch erotisch unglaubwürdigen Orten aufeinandertreffen, wird zügig kopuliert.

Pornos leben als Genrematerial von der Vorfreude, dass genau das geschieht, was man erwartet, auch und gerade dann, wenn die Umgebung völlig unmöglich ist. Und deswegen ist die einzige Ausstattung, die zählt, die Ausstattung der Hauptdarsteller.

Die Pulloverdiebin

Das hast du nun davon, dass du immer noch so schlank bist wie vor dreißig Jahren«, schelte ich meine Frau. »Hättest du immer brav deine Windbeutel gegessen und dazu ein paar Schokowaffelbecherchen mit Eierlikör getrunken, wie es lustige Weiber in deinem Alter so tun, dann könntest du jetzt in deinem wunderschönen neuen Mohair-Pullover zur Besprechung gehen.«

Meine Frau steht mit ihrer perfekt erhaltenen Sportfigur in Unterwäsche vor dem Kleiderschrank und flucht: »Dieses kleine Biest!« Im selben Augenblick lümmelt die Trollprinzessin von der mütterlichen Mohairwolle umflauscht in der Schulbank und genießt den Vorteil, dass ihre Erzeugerin die gleiche Kleidergröße hat wie sie selbst.

»Was fällt der eigentlich ein?«, knurrt meine Frau und wühlt unwirsch in der weniger topaktuellen Strickware. »Deine Tochter (»unsere Tochter« ist es ja nur bei Goldmedaillen und Zeugnisübergaben) denkt, so ein schöner Pullover wäre bei dir verschenkt. Sie nimmt an, du hättest ihn aus Versehen gekauft, weil du für einen Moment vergessen hast, wie alt du bist. Sie will dir sagen, dass du graues Kattun tragen sollst, Hutzelkleider und Ohrenhauben. Sie meint, du bist raus aus dem Paarungsgeschäft. Eine Strohblume, die nur noch so aussieht, als wenn sie blühen täte.«

Da meine Frau jetzt ihren »Noch ein Wort, Freundchen, und du kannst mit Zahnlücken im Männerhaus anklopfen!«-Blick aufsetzt, gehe ich zu ihr und umfange sie mit aller Leidenschaft eines reifen Mannes. Wir müssen jetzt zusammen stark sein. Viele Menschen denken sich Jugendliche immer als träge Wesen, die sich mehr oder weniger behutsam aus dem Nest der Familie lösen, bisweilen geschubst werden, aber nie kommen wir auf den Gedanken, dass die Nachkommen auch dadurch reifen, indem sie uns enteignen und entmündigen.

»Neulich hat sie mich wahnsinnig gemacht, als ich ihr eine Fahrkarte kaufen wollte«, sage ich. »Ich dachte tatsächlich erst, ich wäre zu blöd, aber dann habe ich gemerkt, dass ein System dahintersteckt.« Sie hat einfach die Viertelsekunde ausgenutzt, die sie übrig hat, weil sie nicht mit dem Finger suchen muss, um mir dauernd zu sagen: »Hier, du musst auf ›Hauptbahnhof‹ drücken, ja, und jetzt auf ›Einzelfahrschein‹! -»He, ich brauch auch noch eine ›Rückfahrt‹!«- »Du hast die ›Ermäßigung‹ vergessen! Hallo, Papa! Wach mal auf!«

»So ging das die ganze Zeit. Verstehst du? Ich meine, ich bin ja kein Idiot. Ich habe schon mit kroatischen Monosprachlern Blitzumbuchungen für Kontinentalflüge mit Übergepäck ausgehandelt. Ich habe in Athen zwei Übernachtungen zum Sparpreis bekommen, obwohl es eigentlich ein Stundenhotel war, und das, obwohl ich nur Ja und Nein und ›Werde ich sterben, Doktor?‹ auf Griechisch kann. Das hat sie nur gemacht, um sich dieses ›Mein alter Daddy, diese Schlurfbacke!‹-Gefühl zu geben. Wahrscheinlich hat sie noch ein Foto davon auf Instagram gepostet!«

Dass wir in einer Betroffenengruppe sind, stimmt meine Frau jetzt milde, und sie umfängt mich zurück. »Das ist die Rache des Schicksals, weil ich immer Witze über deine und meine Eltern gemacht habe«, seufze ich, während mein immerjunges Weib ihren Kopf an meine Schulter lehnt. (Selten genug: Sie ist barfuß, und ich habe hochklobige Winterstiefel an.)

»Ich krieg sie dran«, grummelt meine Frau, die ja eher von der praktischen Art ist, »ich weck sie einfach morgens eine Stunde eher, damit sie sich in Ruhe was aus meinem Kleiderschrank aussuchen kann!«

Stefan Schwarz
@schwarzseher

Ein Baustoffhandel namens »Kies Richards« – das wäre schön.

Ich werde den Biber nicht retten

»Biber.« (Zehn Sekunden Pause. Biber schwimmt erhobenen Hauptes im See herum.) »Hier gibt es sie noch.« (Zwanzig Sekunden Pause, in der der Biber mit seinen niedlichen Biberjungen spielt.) »Tun wir alles dafür, dass es auch morgen noch so sein wird!«, sagt der Sprecher der Naturdokumentation, und meine Tochter stöhnt genervt.

Ich kann sie gerade noch davon abhalten auszuschalten. Aber sie hat ja recht. Es gibt heutzutage keine munkelfreien Naturfilme mehr. Keine Hochglanzdokumentation, in der nicht am Ende über den drohenden Untergang von irgendwie allem gemunkelt wird. Wie in einer Art »Kuba-Syndrom« werden Naturfilmer magisch von »bedrohter Schönheit« und »letzten Paradiesen« angezogen. (Zur Erklärung: Seit etwa dreißig Jahren fahren die Menschen nach Kuba, um sich die untergehende Schönheit dieser Insel anzugucken in der perversen Hoffnung, dass sie die letzten Urlauber sind, die noch das Kuba à la Castro gesehen haben, bevor die Amerikaner alles übernehmen und schnieke machen.) Und immer soll in Naturfilmen ein Kollektivmonster namens »wir« schuld sein.

Es ist, als wenn man am Ende eines delikaten Menüs noch ein Brechmittel verabreicht bekommt.

Der Kontrast zu meiner eigenen Jugend könnte nicht größer sein. Als ich so alt war wie meine Tochter jetzt, galt es als ausgemacht, dass die Menschheit alles supi in den Griff kriegt, und das, obwohl die Zweitakter-Pappautos, in denen man herumfuhr, Geräusche und Dünste wie in der Hölle emittierten, das Kalkweiß von der Wand bröselte, so schwefelhaltig war die Luft, und die überdüngten und verabwasserten Seen von blauen Algen blühten oder zu schwarzbraunen Brühen umkippten. Pflanzenschutzmittel wurden in Vietnamkriegsmanier mit dem Flugzeug ausgebracht, und wer deswegen an der falschen Stelle Kirschen vom Straßenbaum naschte, kriegte krötenartige Pusteln oder Kotzanfälle. Trotzdem war klar, dass die Zukunft total licht und schön sein werde. Atomkraft und Raumfahrt würden es richten. Pessimismus galt geradezu als Geisteskrankheit.

Heute, wo die Datenlage ungefähr um den Faktor zehn Milliarden besser ist und bald jedes kleine Handwerkerle privat ins All fliegen kann, wird nur noch rumgeheult. Schon der Kindergarten meiner Tochter stand quasi auf der »Titanic«. Wie soll man groß werden in einer Welt, die einen mit Sterbemiene anstarrt wie Leonardo DiCaprio Kate Winslet, bevor er in die schwarzblaue Tiefe abrauscht?

Das öko-pessimistische Plattitüden-Geseier ist aber so wirkungslos wie das sozialistische Propaganda-Getröte mit seinem ewigen Friedenskampf und seiner Planerfüllerei.

Deswegen gebe ich hiermit offiziell zu Protokoll: Liebe Naturfilmer! Ich werde den Biber nicht retten! Und ich möchte nicht mehr wachgerüttelt werden! Ich bin mein halbes Leben lang wachgerüttelt worden, dass es sich wachrütteltechnisch anfühlt wie Parkinson! Ihr rüttelt einfach an der falschen Stelle! Es gibt Hunderttausende sehr konkrete Menschen mit sehr unmittelbarem Einfluss auf Biber und Bienen, Schneeleoparden und Breitmaulnashörner. Rüttelt die wach! Das ist sehr viel effektiver, als an mir herumzurütteln. Ich möchte hiermit versichern: Ich bin ausreichend informiert über den Zustand der Welt, und ich werde meiner kompletten Hilflosigkeit nicht noch das Mäntelchen eines Jutebeutels umhängen, mit dem ich dann statt einer Plastiktüte einkaufe, um die Welt (vielleicht) um ein Trilliardstel besser zu machen. Und jetzt bitte noch mal die niedlichen Biberkinder ohne Text!

Stefan Schwarz
@schwarzseher

Ich hasse es, wenn die Freunde meiner Tochter einen festeren Händedruck haben als ich.

Brust raus!

Wenn Männer mit irgendwas nicht klarkommen auf dieser Welt, dann sind es die entblößten weiblichen Brüste. Der sonst so abgeklärte Philosoph Theodor W. Adorno wich entsetzt vor ihnen zurück, als sie ihm am 22. April 1969 im Hörsaal VI der Frankfurter Universität von zwei Studentinnen entgegengehalten wurden. Ebenfalls nicht vor nackter Gewalt, sondern vor der Gewalt des Nackten flüchteten auch philippinische Soldaten, als die Bewohnerinnen von Tondo, einem zur Räumung anstehenden Slum bei Manila, ihnen barbusig entgegenliefen.

Ein erklärungsbedürftiges Phänomen, da Männer gemeinhin nicht nur gerne, sondern auch reflexhaft auf weibliche Brüste starren und starren müssen, wie in unzähligen Untersuchungen bewiesen wurde. Offenbar besteht der Unterschied darin, zu welchem Zweck die Brust entblößt wurde. Insoweit eine Femen-Aktivistin ihre mehr oder minder leserlich beschrifteten Titten bei der Andacht im Kölner Dom enthüllt, ist es Protest, stellt aber ein Busenwunder seinen Wunderbusen für kommerzielle Zwecke wie dem Verhökern von

Bier oder Pizzas zur Verfügung, ist es sexistischer Missbrauch dieses evolutionär unvermeidbaren Blickfangs. Im Übrigen werden die Brüste auf den Werbebildern umso kleiner, je hochpreisiger das Produkt daherkommt. Reiche Männer haben, so die Wissenschaft, nicht mehr dieses urige Bedürfnis nach Brustfülle, weil gewisse primäre Bedürfnisse bei ihnen schon »gestillt« sind. Zudem hat die weibliche Brust auch friedensstiftende Zwecke, stand doch bei den marokkanischen Berbern ein Flüchtling, dem es gelang, der Hausherrin das Gewand aufzureißen und an ihrer Brust zu saugen, fortan unter dem Schutz des Hausherrn. (Der Bericht ist von 1926. Man sollte dieses Ritual also vielleicht nicht ganz so bedenkenlos nachstellen.)

Das Zwitterwesen des weiblichen Busens wird aber auch in der funktionsfreien Öffentlichkeit deutlich. Halbnackte Bauarbeiter, egal, ob muskulös oder adipös, sind übliche Zutat des Stadtbilds, während Landschaftsgärtnerinnen, die sich mit freiem Oberkörper über die Rabatten vorm Rathaus beugen und mit ihren Nippeln zärtlich über die Stiefmütterchen streichen, noch nie gesichtet wurden.

Offenbar geht von der frei getragenen, individuellen weiblichen Brust eine Irritation aus, die sich gar nicht mit sexuellen Konnotationen erklären lässt, denn die Erregbarkeit der männlichen Brustwarze steht der weiblichen in nichts nach. Nicht umsonst gibt es in den USA (»top-freedom«) und dem ähnlich puritanischen Schweden (»Bara Bröst«) Bewegungen, die sich der Öffentlichmachung des weiblichen Oberkörpers widmen. Keine unwichtige Aktion in einer Zeit, in der ernsthaft über die Bedeutung von Nikab, Hidschab und anderen Schleierformen diskutiert wird.

Doch der Widerstand, den die schwedische Bademeistervereinigung und große Teile der sonst so aufgeklärten Männerwelt gegen die ungezügelte Barbusigkeit leisten, muss tiefe Gründe haben. »Denn das Schöne ist nur des Schrecklichen Anfang«, sagt Rilke, der Frauen und Männer gleichermaßen gut verstand, und die weibliche Brust ist eben für den Mann Paradies und Hölle, Trost und Schrecken, Preis und Kosten zugleich. Und wahrscheinlich fühlt er sich in seiner emotionalen Selbstbestimmung eingeschränkt, wenn ihm dieses mehrwertige und magische Körperteil in unvorbereiteter Stimmung vorgeführt wird.

Und ist das nicht wunderbar, meine Damen, etwas an sich zu haben, mit dem man gleichermaßen Männer verführen wie in die Flucht schlagen kann?

Meine Lieblingssteppdecke

Ich schlafe neuerdings schlecht ein, was bei mir wirklich selten ist. Normalerweise brauche ich nur eine Seite einer vom Feuilleton empfohlenen »neuen, überraschenden, jungen Stimme der deutschen Literatur« zu lesen, schon drehe ich mich zur Seite und bin weg. Aber weil ich seit Kurzem meine Frau eben genau dann nicht mehr am Bauch anfassen darf, wenn wir im Bett Löffelchen machen, ist mein Einschlafritual gestört. Ich soll sie überhaupt nicht mehr an Stellen anfassen, wo sie sich zu fett fühlt. Das ist doof, denn dort, wo sich meine Frau zu fett fühlt, fühlt sie sich ja für mich besonders gut an. Ich könnte sie noch an den Knien anfassen, aber ich bin kein Orang-Utan und komme da nicht gut ran. Blieben noch die bekanntlich immer fettfrei bleibenden Schultern. Aber mit den Händen auf den Schultern meiner Frau einzuschlafen fühlt sich für mich so an, als würde ich mit ihr eine Polonaise im Liegen nachstellen. Und ich hasse Polonaisen.

Es ist Frühling. Die Zeit, wo Frauen sich zu fett fühlen. Im Winter lümmeln sie behaglich auf der Couch und schmiegen ihre Pölsterchen ins Polster, aber wenn die Sonne rauskommt und Haut gezeigt werden muss, möchten sie sich sofort wieder von einer Steppdecke in ein straffes Spannbettlaken verwandeln. Diesmal ist es besonders schlimm, weil ich ihren leckeren Winterspeck mitverursacht habe. Ich habe vor Monaten im Zuge meines hypochondrischen Versuchs, das Altern ganz einzustellen, die sonst kontinuierliche Keksversorgung unterbrochen (ich war auf Haferkeks wie Whitney Houston auf Crack) und die nötige alkoholische Verschleierung der Realität weitgehend eingestellt.

Der Erfolg kam alsbald, und ich kann jetzt im Jugendbereich des Kaufhauses Jeans aussuchen, was ich das letzte Mal in einem Alter gemacht hätte haben können, als es noch gar keine Jeans in Kaufhäusern gab. Aber wenn ich insgeheim gehofft hatte, Applaus für diese körperliche Umgestaltung zu empfangen und bewundert im Kreis gedreht zu werden, musste ich nun erkennen: Niemand mag Menschen, die erfolgreich abnehmen. »Hast du Krebs?«, ist immer die erste Frage, die mir seitdem ins Gesicht geklatscht wird. Offenbar halten die Menschen den schleichenden Tod für die einzig wirksame Diät.

Nun fragt man einen Hypochonder wie mich nicht hundertmal am Tag, ob er todkrank ist, ohne dass das Spuren hinterlässt. Es machte überhaupt keinen Spaß mehr, schlank zu sein, weil ich mich dann doch heimlich fragte, ob sie nicht recht hatten. Also begann ich wieder zu futtern, um in den Kreis der ewigen kleinen Sünder zurückzukehren. Doch der Verzicht hatte bereits meine Zunge erobert. Wenn ich mich abends mit einer Schüssel mit Eierlikör übergossener Nougat-Toffee-Krokant-Walnuss-Doppelsahne-Eiscreme neben meine Frau setzte, versagte mein Appetit. Einen Löffel des ekelhaft süßen Zeugs schaffte ich, dann stellte ich sie ab. Dort stand die Schüssel und blinkte und hupte zart schmelzend meiner Frau ins Auge, die sich bald nicht mehr aufs Fernsehen konzentrieren konnte, selbst wenn die Millionärsfrage »Wie heißt der Schlagersänger Heino mit Vornamen?« lautete und der Kandidat mit den Schultern zuckte. Zehn quälend lange Sekunden später griff sie zum Löffel, und zehn bewusstlose Sekunden weiter war die Schüssel leer.

»Ich hasse mich!«, rief meine Frau dann und warf sich wohlig in die Kissen. Später im Bett erinnerte sie meine Hand am Bauch wieder daran, was ich ihr angetan hatte, und sie warf sie mir zurück auf meinen Teil des Bettes.

Dort liegt sie nun und tastet an meinem Leib herum, um zu erkunden, ob er schlank oder krank ist.

Sichtbar paarungsbereit

Der Anthropologe Jared Diamond meinte mal, die ganze Kultur des Menschen beruhe darauf, dass er nicht wisse, wann der richtige Zeitpunkt für ein Techtelmechtel sei. Schimpansen hätten es da deutlich leichter. Der rote Hintern der Affendamen zeigt jedem Männchen, dass es sich heute nicht umsonst bemüht. Die Gunst der Frauen bleibt jedoch verborgen. Der weibliche Eisprung, dieser rätselhafte Morgen, wo sich sonst leicht Fröstelnde an einem kühlen Märztag spontan für eine offenherzige Bluse entscheiden, findet im Unsichtbaren statt und hinterlässt, Bluse hin, Bluse her, keine wirklich eindeutigen Zeichen.

So müssen die Menschen im Vergleich zu anderen Primaten viel Zeit in ihre Sexualität investieren, allezeit und ungeachtet der Umstände ihre Avancen machen. Da geht viel schief, und Unsicherheit, wenn nicht Verdruss zwischen Mann und Frau sind die Folge. Das in Warmherzigkeit wie Grausamkeit gleichermaßen bewundernswerte Mittelalter sann auf Abhilfe. Es ordnete jedem Menschen eine Tracht zu, die seine soziale Stellung und seinen Beziehungsstatus auswies. Facebook ahmt hier nur ein Brauchtum nach, das vor fünfhundert Jahren schon gang und gäbe war. Jungfern- und Ehefrauenhauben machten klar, wo man sich kesse Sprüche sparen konnte. Die »lichten Fröwlein« hingegen, deren Interesse käuflich war, hatten eigenen Zierrat. So trugen die in Leipzig (Berlin war zu dieser Zeit noch ein Fischerkaff) sehr aparte gelbe Mäntel mit blauen Schnüren, die in Augsburg einen grünen Streifen am Schleier, und in Bern und Zürich hatten sie einfach rote Mützen auf. Das Leistungsprofil war facettenreich und reichte vom nach oben offenen Schlafgeld bis zum neckischen Angebot, kleine Münzen mit dem gut sichtbaren Dekolleté aufzufangen. (Falls Sie mal kein Kleingeld haben, sollten Sie sich an diese Beschaffungsmöglichkeit erinnern!)

Worauf ich aber hinauswill: Wäre es nicht wunderbar, wenn Kleidung auch heutzutage die unterschiedlichen Stufen und Stadien der Ansprechbarkeit offenbaren würde? Warum wird der Doktorhut nur als Jux zum Abschlussfest getragen? Könnten freilaufende Akademikerinnen nicht irgendeinen fest gemusterten Schal tragen? Die Fußballfans machen es doch auch! Würde es einen schüchternen Ingenieur im Kaffeehaus nicht enorm aufmuntern, wenn er sehen könnte, dort drüben sitzen zwei Hochschulabsolventinnen, und eine davon hat günstigerweise Physik auf Lehramt studiert, wie ihr schwarzweiß gepunktetes Halstuch verrät. Würde diese wiederum ihn wegschicken, wenn er sich nun seine silberne Ingenieurskappe aufsetzte und an ihren Tisch träte?

Würde sie eher dem Mann mit dem lila Ärmelumschlag der freischaffenden Künstler unter tausend Euro Monatseinkommen ihre Telefonnummer geben? (Freischaffende Künstler über tausend Euro hätten noch eine extra lila Paspelierung am Mantel.)

Dem Auskunftsreichtum der Trachten wäre keine Grenze gesetzt. Blaue Knöpfe für Kinder, die zur Hälfte beim geschiedenen Partner leben, könnten das Wagnis abwägbarer machen. Ein roter Knopf für jeden kleinen Racker, der stattdessen am nächsten Morgen oder mitten in der Nacht fragend am Bettrand auftaucht, würden das Überraschungsmoment minimieren und Leute im Vorfeld ausscheiden, die sonst nur enttäuschen könnten. Wir wären endlich weg von der Dummheit der üblichen Gesichts- und Gestaltbewertung und bei einer klugen Antwort auf die Frage: »Darf ich dich wollen?«

Sorry, Baby, Ying nicht mehr länger!

Irgendwann um das Jahr 230 nach Christus herum stellte ein Kaiser der chinesischen Han-Dynastie fest, dass die kosmische Harmonie im Reich gestört war. Die Aufzeichnungen seiner Beamten hatten ergeben, dass zu wenige Ehen geschlossen wurden und dass eine Unzahl von Männern und Frauen in unverantwortlicher Abstinenz vor sich hin gurkten. In einer historisch nie wieder gesehenen, ungewöhnlich drastischen Maßnahme befahl der Kaiser den namentlich Erfassten, sich binnen Fristen zur Kopulation mit einem Angehörigen des anderen Geschlechts zu melden. Andernfalls drohten 100 Peitschenhiebe. Der Abschlussbericht verzeichnet, dass selbst Unwilligste sich daraufhin eingefunden hätten, um amtlich ihren Bambusspross in die Lotusblüte zu tunken oder andersrum.

Ein Erlass, der angesichts des Single-Elends heute wohl noch genauso segensreich wirken würde wie damals, aber undenkbar ist, wird doch moderner Sex nicht nur als Heiligtum der privaten Selbstbestimmung gefeiert, sondern auch und vor allem nur noch vom Ende her gedacht. Vom schnöden Höhepunkt nämlich. Doch den alten Chinesen ging es nicht in erster Linie um den Orgasmus. Im Gegenteil, das kosmische Drehstromprinzip von Ying und Yang verlangte, dass man fröhlich dahinstrummelt, und zwar ohne dass einem irgendwann die Sicherung rausfliegt. Sex ohne Finale galt als besonders förderlich, vor allem, wenn der Mann mit mehreren Frauen schlief (hintereinander oder auch nebenaneinander), ohne sich zu schwächen. Je länger, je besser, versprach das Tao der Liebe, denn mit jedem Hin und Her nähme der Han-Chinese im Korb feines Ying von den Frauen auf, ohne sein Yang zu verschwenden. Eine Art sorgfältiges Aufladen der männlichen Batterie.

Diese Philosophie hat heute wieder ihre Anhänger. Der Männerflüsterer David Deida empfiehlt seinen Klienten dringend, nicht zu kommen, bevor sie gehen. Oder auch bleiben. Ein Mann erwerbe größere Sympathie bei der Frau, wenn er leidenschaftlichen Sex haben könne, ohne am Ende alles vollzusauen.

Körperbeherrschung im selbstlosen Frauendienst kommt natürlich gut als maskulines Merkmal, aber leider machen die Frauen von heute da nicht immer mit. Im Gegenteil. Das hat nicht nur damit zu tun, dass sie sich ungern, weder einzeln noch zu mehrt, als Ying-Spenderin benutzen lassen wollen, sondern auch mit der fatalen Tatsache, dass der Orgasmus beim Mann viel zu lustig anzuschauen ist, als dass sie im Schlafzimmertheater auf diesen Konfettiknaller verzichten würden. Frauen können geradezu würdevolle

Orgasmen haben, ein, zwei große Atembögen, in denen sie angenehm anzuschauende Leibesbiegungen unternehmen. Ganz anders der Mann. Eben noch kraftvoll und prall, macht er Geräusche, als hätte er in eine Schnappfalle gefasst, verkrampft bedeutend und fällt in sich zusammen wie eine dieser Wackelgiraffen, die nur vom Gummi in ihren gedrechselten Gliedern straff gehalten werden. Das ist lustig anzusehen, und Frauen haben ihren Spaß daran, dem Mann, der eine Zeit lang den selbst bestimmten Penetrator gegeben hat, mit ein paar Griffen an die richtigen Stellen zum kompletten Kontrollverlust zu bringen. Leider erziehen sie damit aber auch Männer, die glauben, Abschlaffen sei das Ziel aller Anstrengung, anstatt taoistische Energieriesen und Regenmacher heranzubilden, die das kosmische Klima zum Besseren wenden könnten.

Ja heißt Jetzt

Vor einigen Jahren arbeitete ich in Berlin für eine Talkshow, zu der Politiker nicht nur des politischen, sondern auch des charakterlichen Spektrums geladen waren. Rechtschaffene Gesellen und windige Typen. Die Politiker kamen, wurden von mir in die Maske geführt, dort zurechtgepudert und dann wieder abgeholt und ins Studio gebracht, um sich vor laufender Kamera einander »Ich bitte Sie, Herr Kollege, das ist lächerlich …« oder »Das sieht Ihrer Partei ganz ähnlich!« an den Kopf zu werfen, wie man das in einer Talkshow so tut, ohne dass sich der Puls wirklich hebt. Einer der besonders Rechtschaffenen, ein reifer Mann, den man allerdings als Stimme der Bedrängten und Schwachen kannte, saß denn auch entspannt nach der Show in der Maske, ließ sich abschminken und sagte zu der Maskenbildnerin just in dem Moment, als ich draußen vorbeiging: »Was machen Sie eigentlich heute Abend noch?«

Ich fror sofort ein, und auch die Maskenbildnerin, eine attraktive Mittdreißigerin, brauchte eine Sekunde, um zu erkennen, dass diese Frage nicht auf Auskunft über ihre gewohnte Abendgestaltung zielte. Als sie schulterzuckend »Nichts!« antwortete, sprach der Politiker mit einer wirklich lauteren Freundlichkeit: »Dann besuchen Sie mich doch nachher auf meinem Hotelzimmer! Ich wohne im … und die Zimmernummer ist 224!« Die Maskenbildnerin lächelte ein sehr langes Lächeln, sagte dann aber: »Okaaay!«

Zwei Dinge waren es, die mich extrem verwunderten. Das eine war, dass dieses Angebot nicht von einem der üblichen Schmierlappen kam, die das politische Geschäft nun mal unvermeidlich in Talkshows spült, sondern von einem Sympathieträger ersten Ranges, der sein Ansinnen mit einer kindlichen Unschuld vortrug, als dächte er: »Was wäre ich für ein Schuft, wenn ich dieser reizenden Frau nicht meinen prominenten Beischlaf anböte? Sie stattdessen in ihr tristes Heim schlurfen lasse, wo sie nach einer halben Flasche Wein ›Ach, ich arme Jungfer zart, warum fickte mich heute nicht der Abgeordnete Drosselbart?‹ in ihr Kissen schnupft! Als hätte ich kein Herz und kein Viagra!« Offenbar gibt es einen Punkt im Leben der Mächtigen, wo der gefühlte Partnermarktwert derart durch die Decke geht, dass die Frage nach Sex so einfach wird wie die Frage nach einer weiteren Kelle Kesselgulasch.

Das Zweite aber, was mich noch viel stärker irritierte, ist, dass von Politikerinnen dergleichen nie berichtet wurde. Was hält eine Ministerin davon ab, einen halbwegs agilen Jungjournalisten, so wie ich einer damals war, zu sich zu bitten, um ein paar Dinge zu vertiefen, die mal wieder dringend vertieft werden mussten. Wir sprechen ja nicht vom Griff ans Gemächt, sondern von Einladungen mit allerlei Mehrwert. Auch Angela Merkel war ja nicht immer diese elisabethanisch erstarrte Rauten-Ikone, sondern gerade in den Neunzigern mit ihrer halb verhuschten und halb spitzbübischen Mädchenhaftigkeit von einer gewissen burschikosen Sexiness, die einem kurz und bündig angefragten Laufburschen das »Okaaay« erleichtert hätten. Aber offenbar haben mächtige Frauen, die wissen, was sie wollen, Probleme, dieses auch für ihre unteren Fraktionen durchzusetzen.

Würde es den Politikerinnen von heute nicht endlich das Image von sachversessenen Fleißbienchen nehmen, wenn in den »Kreisen« gemunkelt würde, diese oder jene würde sich vor wichtigen Meetings von herbeigeschnipsten Referenten im Kopiererraum entkrampfen lassen? Frauenpower ist ja nicht nur »Nein heißt Nein!« sondern auch »Ja heißt Jetzt und guck nicht so doof!«. Und da scheint mir noch viel zu tun …

Stefan Schwarz
@schwarzseher

Zwischenräume sind die Loser unter den Räumen.

Nutzbringende Debatten

Wenn der Kronsohn am Sonntag vorbeischaut, um seine Wäsche in die Waschmaschine zu tun, damit seine Mutter oder sein Vater sie nachher aufhängen und trocken wieder ordentlich zusammenlegen können, verwickelt er mich gerne in Diskussionen. Ich bin der einzige verbohrte Konservative, den er kennt, und er behandelt mich so, als würde ich heimlich hinter dem Haus tonnenweise Braunkohle verbrennen und dabei Witze à la »Greta Hahn auf dem Mist, bleibt das Klima, wie es ist!« reißen. Deswegen gibt er sich viel Mühe, mich mit Argumenten zu plätten. Krasse Vaterzerstörung sozusagen mit fucking heftigen Details aus dem Internet und lauter »Really, Digga? Really?«-Nachfragen.

Ich bin darüber sehr froh. Jeder gesunde junge Mann sollte seinen Vater kritisch sehen, denn damit fängt ja alles kritische Sehen überhaupt erst an. Wenn ich nicht mit meinem Vater in den Perestroika-Jahren lautstark, fuchtelnd (und besoffen) über einen Sozialismus mit menschlichem Antlitz gestritten hätte, dann wären wir jetzt wahrscheinlich per Sie. So aber schärfte ich mein polemisches Profil am vermeintlichen Betonkopf meines Vaters, und bald strotzte meine Rede nur so von beeindruckenden Redefiguren wie Chiasmen, Synekdochen und Oxymora, was mir auch blieb, als der Sozialismus bald darauf ganz verschwand, ohne auch nur einmal ein menschliches Antlitz aufgesetzt zu haben. Meine journalistische Laufbahn ging quasi nahtlos vom Schreien ins Schreiben über.

Ginge es meinem Sohn genauso, wäre ich zufrieden. Doch leider sind seine Argumentationen von einem Verhalten begleitet, das man als das komplette Gegenteil der Merkel-Raute bezeichnen muss. Er kann beim Reden einfach seine Finger nicht stillhalten. Nicht, dass er irgendwie gestikulieren würde, nein, während er redet, greifen seine Hände nach dem nächstbesten Gegenstand und machen Unfug mit ihm. Steuerbelege, die auf meinem Tisch wohlsortiert ausgebreitet waren, werden aufgenommen, gemischt und zu neuen, steuerlich leider irrelevanten Häufchen abgelegt, herumstehende Kerzen werden von Wachstropfen befreit, welche zu kleinen Kugeln zusammengerollt werden, die dann beiläufig in Fensterecken geklebt werden. Mit herumliegenden Kartoffelmessern wird das Küchenbord mit tausend kleinen Stichen malträtiert.

Nun ist es nicht ganz einfach für einen Vater, sich auf eine tiefgestaffelte Widerlegung von Beweisketten zu konzentrieren, wenn der Sohn nebenbei mit der Wertminderung der Mietwohnung befasst ist. Als ich jedoch eines Sonntags mit ihm in der Küche stritt, sah ich, wie seine beschäftigungssüchtigen Hände den Lappen aus dem Spülbecken nahmen und nervös den Herd wischten. Ich ward erleuchtet!

Als er das nächste Mal kam, stritten wir in meinem Arbeitszimmer, wo ein Staubwedel unübersehbar aus dem Bücherregal ragte. Eine Woche später hatte ich alles bereitgestellt, um den Fliesenspiegel im Bad mit Scheuermilch zu säubern, und der Schwamm lag aufreizend parat. Jetzt hielt ich meinen Sohn bereit für die höchste Stufe der produktiven Nervosität, und ich legte in der Küche Schleifpapier auf die Arbeitsfläche, die wegen der tausend kleinen Stiche dringend abgezogen werden musste.

Zwei Stunden wilde Diskussion später hatte er fast drei Viertel der Fläche geschafft. »Irre ich mich, oder hörst du mir seit Kurzem besser zu?«, schlug sich mein Sohn den Holzstaub von den Händen. »Ja, ich finde unsere Diskussionen persönlich sehr nutzbringend!« »Endlich!«, sagte der Kronsohn, »endlich habe ich dich mal überzeugt!«

Verbietet meine Cousine!

Ihr sprecht bitte nicht mit ihr über Männer und Kinder«, sagt meine Tante streng, als wir vorm Familientreffen einander die Hände schütteln. Gemeint ist meine alleinstehende, alleinsitzende und alleinliegende Cousine, bei der die biologische Uhr lauter tickt als der Frohnauer Hammer. Leicht gesagt. Über irgendwas muss der Mensch ja schließlich reden. Warum ist Themenarmut nicht schon längst Bestandteil des offiziellen Armutsberichtes? Nach meiner Schätzung leben etwa ein Drittel aller Erwachsenen unter der Themenarmutsgrenze, das heißt, sie müssen mit weniger als zwei Themen pro Tag auskommen. Oft sind das gar keine vollwertigen Themen, sondern nur Zusammenfassungen von Fernsehsendungen.

Die Cousine macht da keine Ausnahme. Sie ist Laborassistentin für Mineralogie und fertigt hauchdünne Gesteinspräparate für die Mikroskopie an. Da kommt man nicht so leicht ins Plaudern, und alle Witze (»Das ist doch alles Dünnschliff, was du hier erzählst!«) sind schnell gemacht. Hinzu kommt, dass die Cousine bekanntermaßen sich ganz dringend paaren und fortpflanzen, aber nur nicht darüber sprechen will. Das ist ja nun aber für die Angehörigen wie Jucken ohne Kratzen. Einfacher, gerader, urbaner, topmoderner Männerhass (»ungefähr so brauchbar wie Dildos, nur dass man sie danach nicht in die Schublade legen kann«) oder auch Kinderekel wären willkommener. Aber so?

In Paarungsdingen ist ja so gut wie jeder Experte, der schon mal eine einfache Steckverbindung geschafft hat. (Erklärt möglicherweise den Erfolg von Lego.) Alle wollen helfen. Der eine weiß, dass man »mal ordentlich rangehen« muss. Die andere will raten, die »Latte etwas tiefer zu legen«. Ein Dritter rät zur Samenbank. Leider übersehen Menschen meines Alters, also jene, die der verhütungsarmen Bevölkerungsschwemme nach dem Krieg entstammen, dass heutzutage der Drang zum pfefferminzlikörgetriebenen Knutschen in der Bushaltestelle abgenommen hat (du willst nicht zuhause sein, wenn deine Eltern nur wegen dir heiraten mussten) und dass andererseits die Jungs, die früher Steinchen ans Fenster der Mädchenzimmer schmissen (nachdem die Mutter an der Haustür »Katrin hat heute keine Zeit und morgen auch nicht und übermorgen erst recht nicht!« gebläkt hat), dass diese Jungs heuer dank der bedenklichen Segnungen der Computertechnik auch noch mit vierzig lieber »Let's Play«- oder »Let's Fuck«-Videos anschauen. Sex, insgesamt Partnerschaft, ist ein gutes Heilmittel gegen jugendliches Unbehaustsein und eine tolle Belohnung für tollkühne Prinzen und schlimm eingesperrte Rapunzeln.

Die Wahrheit ist: Wir haben den Sex abgeschafft, indem wir ihn freigelassen haben. Also müssen wir ihn wieder einsperren. Das Beste wäre es, meine Cousine regierungsamtlich zur »Verbotenen Jungfrau« zu erklären, deren Schwängerung um jeden Preis durch Polizeischutz und Hubschraubereinsatz verhindert werden müsse. Ich nehme an, dass sich die Angelegenheit dann sehr schnell durch das gewohnte »Staatsversagen« erledigt hätte. Oder die Russen wären schuld.

Leider sind paradoxe Interventionen im Fortpflanzungsbereich nicht ausreichend erforscht, und deswegen halte ich beim Familientreffen die Klappe, erkundige mich bei meiner Cousine, ob es alles läuft im Beruf und so, und wechsle dann zu Onkel Winnie, der jetzt einen künstlichen Darmausgang hat und mich sicher in den anderthalb Stunden unterrichten will, welche Tricks und Kniffe bei solchen Umleitungen zu beachten sind und welche Tänze man damit noch tanzen kann.

Stefan Schwarz
@schwarzseher

Es müssen immer erst noch ein paar Beine gehalten werden, bis ein Deutsch Lernender endgültig das Wort »beinhalten« versteht.

Lob des Prahlens

Gute Vorsätze zum Neuen Jahr sind etwas außer Mode gekommen. Sie gelten als lächerlich, affektiert und dienen dem Großen Vorsätzlichen nur dazu, sofort wieder »schwach zu werden«, nachdem er ein einziges Mal, aber mit möglichst viel Getöse »stark geblieben« ist. Das liegt oft an der Natur der Vorsätze, die rein restriktiv und der menschlichen Natur zuwider sind. Wer will schon sein eigener Gefängniswärter sein und sich morgens früh um sieben mit viel Hass zum Sport rausprügeln?

Nein, lassen Sie sich hängen, aber mit ordentlich Schwung! Ich zum Beispiel nehme mir vor, im nächsten Jahr mehr zu prahlen. Ich prahle eh schon viel, aber da geht noch mehr. Prahlen ist eine völlig unterschätzte und von ehrgeizfreien Betschwestern zu Unrecht denunzierte Kulturtechnik. Natürlich will der Prahlhans Anerkennungsgewinn, aber zuvor muss er seine Sinne schärfen, seinen Intellekt bemühen, sein Gedächtnis trainieren und endlich im Dickicht des Sozialen die Lichtung finden, wo er seine Alfanzereien an den Mann bringen kann.

Haben Sie gemerkt, wie beim Wort »Alfanzereien« ein kleines Wow durch ihre Synapsen flimmerte? »Alfanzereien« verhält sich zum bedeutungsgleichen »billigen Trick« wie ein Diamant-Kollier zum Freundschaftsring vom Rummel. Selbst wenn ich stattdessen »Posse« geschrieben hätte, wäre der Effekt nicht so erhaben gewesen. Effekthaschen ist harte Arbeit. Ich habe das Wort gehascht, bevor es wieder fortsprang, sorgfältig aufbewahrt und schließlich effektvoll angebracht. Dafür dürfen Sie ruhig mal anerkennend die Augenbrauen heben.

Neulich habe ich mit meiner Tochter über Debussys »Clair de lune« gesprochen und ihr gesagt, wie schön ich gerade die anfängliche, noch sehr verhaltene Passage fände, worauf sie mir als Pianistin und echtes Kind meiner Lenden lässig hinwarf: »Du meinst das ›con sordino‹, Papa!« und unterrichtete mich, dass dies von der Benützung des Dämpfungspedals verursacht werde.

Ah, »con sordino«, dachte ich, sei willkommen in meiner Prahl-Kammer! Such dir ein nettes Plätzchen! Bald schon werde ich einen krakeelenden Partygast ersuchen, seine Nichtigkeiten doch etwas »con sordino« zu verbreiten, worauf sich die anwesenden Damen vor lauter Kultur Luft zufächeln werden, um dann bei mir untergehakt an verschwiegene Plätze zu lustwandeln.

Ich mag Prahlen. Egal, ob beim Wortschatz, beim Kochen, beim Kraftsport oder beim Tanzen – ich verdanke es nur meiner Prahlerei, dass ich mich in alle diese Fertigkeiten wirklich hineingekniet habe, um der Mann zu werden, der ich vorgab zu sein. Aber es gibt auch noch einen zweiten verdienstvollen Zug beim Prahlen. Anzugeben, dass man in klassischer Musik bewandert sei, ist zwar eine Sünde, vor allem, wenn man wie ich Musik maximal nach laut und leise unterscheiden kann, aber es erfüllt ein Bedürfnis. Viele hervorragende Musiker sind nämlich scheue Gesellen, wortkarg oder unbeholfen im Ausdruck. Oft wollen sie auch gar nicht reden. Mein Lieblingskantor resümiert oft ganze Oratorien mit einem »Hinten beim dritten Satz hat es ein bisschen gerumpelt« und nuckelt wieder an seinem Bier. Und hier kommt mein Part als Prahlhans: Ich kann mit einem kleinen Notbesteck an gerade so verstandenen musikalischen Fachbegriffen größere Runden unterhalten und Unterhaltungen anstiften. Alle fühlen sich gut – und ich sowieso.

Und selbst wenn es mal schiefgeht, ist der soziale Effekt nicht zu verachten. So bilden sich Freundschaften in Nebenräumen, die sich bei einem herzhaften »Der Schwarz haut heute wieder auf die Kacke! Das ist ja nicht zum Aushalten!« verbrüdern.

Stefan Schwarz
@schwarzseher

Was Betten betrifft, bin ich Seiteneinsteiger.

Sich zusammenraufen

»Kommst du noch mit rauf?«, ist wohl die berühmteste aller Ich-will-eigentlich-was-anderes-Fragen, aber vollständige Sicherheit über den weiteren Verlauf des Abends kann auch sie nicht geben. Zu unbeholfen sind die Männer, zu erwartungsvoll die Frauen, wenn es um den Beginn körperlichen Kontaktes geht. Jeder hat seinen eigenen Film im Kopf, und wenn nur einer von beiden aus der ihm zugedachten Rolle fällt, endet der vielversprechende Hausbesuch mit der Erkenntnis, dass man jetzt doch los muss, weil morgen früh raus und so. Das ist betrüblich, denn gescheiterte Auftakte geschehen leider öfter als gelungene.

Besser ist es, den Begehrten zu fragen: »Kommste noch mit raufen?« Ja, richtig verstanden. Es geht um weibliche Aggression. Um Handgreiflichkeiten und Gerangel als Notausgang aus einer verfahrenen Situation. Ich gebe zu, kein ganz naheliegendes Konzept in unserer streichelzarten Welt. Aber die Naturvölker waren schon immer schlauer und wussten, wie man die Bremse in unsicheren, jungen Männern löst. So beschreibt Bronislaw Malinowski in seiner Studie über »Das

Liebesleben der Wilden in Nordwest-Melanesien« (Sie merken an der Wortwahl: Die Studie ist schon etwas älter!) eine Festlichkeit namens Kasaya, bei der die Jünglinge singend im Kreis zogen, während die erwachsenen und erfahrenen Frauen des Dorfes sich ihnen mit allerlei Spott und Hohn näherten. Während die Jungs darüber schon langsam grimmig wurden, gingen die Damen einen Schritt weiter und griffen die Grünschnäbel mit scharfen Muscheln, Bambusmessern und kleinen Obsidianbeilen an, um sie zu kratzen und zu ritzen. Misshandlungen, die keinen anderen Zweck hatten, als die Jünglinge zum Gegenangriff zu reizen. Und tatsächlich ließen die jungen Männer sich das nicht ewig gefallen und suchten sich unter den Kratzbürsten – immerhin Frauen im Alter ihrer eigenen Mutter – jene aus, die ihnen am attraktivsten erschien, um sie im Zuge der Entwaffnung, sozusagen in einem Aufwasch, zu vögeln. Da eine gute Wahl eine Weile braucht, waren blutüberströmte Jünglinge keine Ausnahme, denn die Frauen machten ja von allen Seiten auf sich aufmerksam, und es galt als ehrenhaft, diese Tortur möglichst lange auszuhalten. Alles in allem eine Win-win-Situation, die Matronen noch einmal in den Genuss adoleszenter Vitalität brachte und die Junggesellen mit einer selbstbewussten Weiblichkeit konfrontierte.

Wir haben zu lernen: Zuweilen kann das am Weinglas festhaltende, vor sich hin stotternde, quasi notarielle Erkundungsverfahren zweier Menschen, die es tun wollen, alle Erotik schon im Vorfeld verebben lassen. Spielerische

Aggression, Playfight und Geraufe helfen dabei, dem anderen klarzumachen, dass man angefasst werden darf. Wenn Sie reizend sein wollen, bedenken Sie, dass das Wort »reizen« etymologisch eben von jenem Ritzen und Kratzen abstammt, das die »Wilden in Nordwest-Melanesien« betrieben (mittlerweile haben christliche Missionare das wundervolle Treiben leider in die globale Langeweile überführt).

Erinnern Sie sich an Ihre eigene Vorpubertät, als Sie zwanghaft den Jungs einen Radiergummi oder einen Stift klauen mussten und mit seltsamer Erregung »Fang mich doch!« riefen. Wenn er Ihnen also unbedingt erst seine Briefmarkensammlung zeigen will, dann nehmen Sie ihm doch den sondergestempelten Ersttagsbrief weg und lassen Sie sich die Kostbarkeit mühsam aus den Fingern raufen. Ich wette eine Blaue Mauritius, dass er Ihnen danach noch ganz andere Seiten zeigt als die seines Albums.

Umwerfende Schönheit

Es begab sich aber, dass dem Endunterzeichnenden und seiner Gattin ein Ball verheißen ward, auf welchem sich beide in Champagnerlaune herrlich im Walzertakt umherzuschwenken gedachten. Da auch die gazellenschlanke Anästhesistinnen-Freundin und ihr ebenfalls sehr schmaler Gemahl angesagt waren, fürchtete meine Frau, modisch ins Abseits gedrängt zu werden, denn die durch eine Vielzahl hilfreicher Unverträglichkeiten fast komplett entfettete Freundin sieht in jedwedem Tuch aus wie Coco Chanel.

Die Liebste setzte sich also an den Bildschirmarbeitsplatz (wie mein Staatsbürgerkundelehrer schon 1981 ganz richtig die Arbeitswelt der Zukunft beschrieb) und orderte mit den Mitteln der modernen Fernmeldetechnik ein Paillettenkleid, in welchem das Funkeln ihrer Formen alle konkurrierende Eleganz überstrahlen würde. Da in meiner handwerklich geprägten Vorstellungswelt die etwa eine Million Pailletten von mindestens einem Dutzend spinnenfingriger ostasiatischer Schneiderinnen auf den Stoff gefädelt werden mussten und ein Dutzend spinnenfingriger ostasiatischer Schneiderinnen auch leben müssen, erkundigte ich mich bei meiner Frau, was das gekostet hätte. Der Preis, den sie nannte, war so lächerlich gering, dass sie das Kleid beinahe noch in zwei anderen Farben bestellt hätte. Gut, dass sie es nicht tat. Denn als das Kleid nach einer Woche aus China herübergeflattert kam und ausgepackt wurde, wurde mir schlecht. Ganz offensichtlich hatte nicht eine einzige Nähmagd mit diesem Kleid zu tun gehabt, sondern ein wahnsinniger Chemiker.

Das Kleid roch wie eine Textilversion des Giftgasunglücks von Seveso. Selbst nach einer Woche Auslüften im Freien war der üble Dunst noch da, nur hatte der Plastikbügel seltsame Blasen bekommen. Ich erklärte, dass in dieser Billig-Prachtrobe möglicherweise hormonell wirksame PCBs und andere endokrine Disruptoren verarbeitet wären und ich mich dann nach dem Engtanz mit ihr von einem halben Feministen zu einer vollständigen Frau umwandeln würde. Meine Frau, die aus einer weniger chemiesensiblen Familie kommt (mein Schwiegervater hat sich schon mal einen ausgebrochenen Kunstzahn mit Sekundenkleber wieder angeklebt, um weiter an der Ente zu nagen), bestand trotzdem darauf, das Kleid zu tragen. Schließlich wohnt in jeder Frau eine kleine Meerjungfrau, die weiß, dass sie den Tanz mit dem Prinzen mit Schmerz und Übelkeit bezahlen wird.

Und tatsächlich war es auch auf dem Ball nicht ganz klar, ob die Leute vor ihrer unzweifelhaften Schönheit oder vor dem Odem des Todes auseinanderwichen, als sie den Saal betrat. Wir setzten uns, und meine Frau genoss die neidischen

Blicke ihrer Gazellenfreundin. Ihr Mann kritisierte wenig später zwar das Catering und behauptete, der Schampus, die Horsd'œuvres und sogar die Patisserien würden alle nach Formaldehyd schmecken, aber dann erscholl der Auftakt zur großen Walzerrunde.

Ich ergriff die Schwanenhand meiner holden Gattin und führte sie aufs Parkett. Stechender Geruch hin oder her, wir walzten los wie ein menschgewordener Blumenstrauß. Und von Takt zu Takt wurden unsere Bewegungen weicher und luftiger, bald spürte ich den Fuß auf dem Boden nicht mehr, und im Schwung der Donauwellen schwebten wir langsam unter das Dach des Ballsaals. Dort war leider Nebel, und als der sich verflüchtigte, erschien über mir das Gesicht unserer Anästhesistinnen-Freundin und fragte: »Kannst du mich verstehen? Wie viel Finger zeige ich dir gerade?«

Neben mir standen besudelte Herrschaften, und ein umgerissener Tisch wurde wieder aufgestellt.

Stefan Schwarz
@schwarzseher

Dieser kurze Augenblick, wo man Schaffelle für irgendwas Französisches hält.

Am Beispiel der Gummihopse

Lasst den Stefan endlich mitspielen, zum Donnerwetter!«, ruft meine Mutter aus dem Küchenfenster, weil ich hochgeplärrt habe, dass mich meine Schwester nie hüpfen lässt. Ich bin fünf Jahre alt, und wir haben leider nur eine Mülltonne hinterm Haus. Deswegen muss ich bei der Gummihopse die andere Mülltonne sein, damit meine Schwester ihre akrobatischen Draufspring- und Einwickelfiguren üben kann. Sie ist zwei Jahre älter als ich, und ich habe genug Respekt vor ihr, dass ich klaglos meine Position als lebender Hopsgummihalter ertrage, obwohl das Gummi auch schon mal gerissen ist und ich eins auf die Lippe gepeitscht bekam. Aber dann ist auch noch eine Freundin meiner Schwester um die Ecke gekommen, und sie hüpfen jetzt schon gefühlte drei Stunden abwechselnd und meinen immer nur: »Gleich!«, wenn ich auch mal will. Das ist Diskriminierung und das »gehe ich sagen«, also das melde ich Mutti.

»Daaa! Bitteschön!«, sagt meine Schwester, weil meine Mutter mit ihrem »Und zwar jetzt, mein Frollein!«-Blick am Küchenfenster stehen geblieben ist. Die liebe gute Mutti!

Meine Schwester befreit mich vom Hopsgummi und stellt sich selber in die Schlinge. Allerdings schiebt sie das Gummi gleich auf Kniehöhe, damit ich möglichst beim ersten Sprung auf die Fresse falle und mit aufgeschrammten Knien heulend nach oben renne, wo mir Mutti dann die scharfe Jodtinktur rauftun muss. »Aber nur als Butterbrot!«, ruft meine Mutter jetzt streng hinunter, die das heimtückische Manöver gesehen hat. »Butterbrot« heißt, man darf mitspielen, aber die Regeln gelten nicht. Wenn man beim Versteckspielen gefunden wird, darf man sich noch mal verstecken und noch mal.

Da stehe ich nun. Das Hopsgummi ist »extra für mich« auf Bodenhöhe abgesenkt worden. Die Freundin meiner Schwester steht mit verschränkten Armen vor der Brust und guckt in den Himmel, bis ich fertig bin. Und plötzlich habe ich keine Lust mehr. Die furchtbare, mir bis dahin unbekannte Erkenntnis, dass »ganz bewusst und vorsätzlich integriert« zu werden eine besonders subtile Form der Verachtung ist, steigt in mir auf. Ich will so nicht hopsen! Wenn ich nämlich darf, mag ich nicht mehr. Ich will wieder ausgegrenzt werden! Lieber diskriminiert werden und es dann trotzdem schaffen! Das Trotzdem verleiht jeder Anstrengung Epik und Erzählbarkeit. Ich will der heimliche »Rocky der Gummihopse« sein, der sich abseits der glamourösen Hinterhof-Gummihopsszene tief unten im dunklen Kartoffelkeller fit macht für den ultimativen Hops-Showdown. Ich will der sein, den sie nicht auf der Rechnung haben und der plötzlich auftaucht, gelassen um einen kurzen Hops bittet und dann den Wahnsinns-Doppel-rein-und-wieder-raus-Wickler auf Brusthöhe hopst und wieder geht. Ruhigen, sicheren Schrittes. Am besten vor einem Sonnenuntergang.

Ich bin seitdem meiner Mutter in tausend Gestalten begegnet, Menschen, die ein liebendes Herz und ein offenes Ohr für Klagen aller Art haben und die alle Bedrückten in »Butterbrote« verwandeln wollen. Ich verstehe sie. Aber wenn ich es recht bedenke, habe ich etwas mehr Achtung für Leute wie meine Schwester, die nicht gleich alle Türen aufreißen und die dir signalisieren: »Du kriegst hier nichts geschenkt, aber wenn du aufhörst zu flennen und durchziehst, können wir Freunde werden!« Und deswegen gucke ich jetzt, ob meine Mutter noch guckt, und dann schiebe ich das Gummi auf Kniehöhe.

Der kühne Recke

Es klingt ein bisschen nach schlechtem Deutsch, aber ich habe mich verreckt. Und zwar beim Hochstellen eines Schraubdeckelglases mit Buchweizen auf das oberste Regalbrett. (Buchweizen wird bei uns nur einmal alle fünf Jahre gekocht, aber er sieht als Schauvorrat einfach gut aus, und wenn Vladimir Putin mal unverhofft vor der Tür steht – was ja bekanntermaßen so ein bisschen sein Ding ist –, kann ich schnell eine Kascha zaubern.)

Ich hatte das Glas schon fast oben, aber es fehlte noch ein Stück. Normalerweise hole ich mir dann einen Stuhl, klettere auf das Küchenbord, erhebe mich dort, stelle es ganz bequem rein, klettere wieder herunter, stelle den Stuhl zurück, den ganzen Zinnober eben, den kleine Männer für so lächerliche Verrichtungen anstellen müssen, während große Männer sich nach drei Sekunden schon wieder anderen lukrativen Dingen widmen können. Aber diesmal wurmte mich der Millimeter so sehr, den es vielleicht noch brauchte, um mittels Zehen- und Fingerspitzen das Glas auf das Brett kippen zu lassen, dass ich mich ächzend über alle Maßen reckte. Als ich geglückterweise wieder ins Normalmaß zurückwollte, bemerkte ich, dass ich mir den Musculus extensor supra modum, den »Über-alle-Maßen-Recker« ausgereckt hatte.

Es schmerzte wie Hölle. In einer äußerst missverständlichen Körperhaltung, mit erhobenem Arm eingefroren, jammerte ich mich ins Wohnzimmer, wo ich auf das Sofa niederfiel. Warum, Evolution, warum? Wo ist der Nutzen, dass der Mensch sich aus freiem Willen so stark selbst beschädigen kann? Hat man je einen Geparden gesehen, der auf der Jagd nach der Gazelle umknickte und dann mit viel Aua-Aua-Aua aushüpfte? Wo ist der Pelikan, der beim Hochwerfen und Aufschnappen des Fisches denselben in den falschen Hals bekam und röchelnd und krächzend von seinen Mit-Pelikanen auf den Rücken gehauen werden musste, damit sich der Brocken löst. Stand je ein Bär auf und blieb dann starr stehen, weil ihn die Hexe ins Kreuz geschossen hatte? Mir ist schon klar, dass der Mensch das unnatürlichste aller Lebewesen ist, aber diese Selbstverletzungsnummer wirft schon Fragen auf. Vor allem für Menschen meiner Größe.

»Das ist passiert, weil du dich nicht aufgewärmt hast«, sagt die von mir geheiratete Tochter eines Sportlehrers am Abend, als sie mir die Schulter mit Schmerzsalbe einreibt. »Vorm Hochrecken aufwärmen? Was denn noch?«, klage ich. »Reicht es nicht, dass ich in der Kaufhalle ständig große Menschen mit Hundeblick fragen muss, ob sie mir bitte, bitte mal die Cerealienpackung runtergeben?« (Ich habe ein einziges Mal versucht, die Cerealienpackung selber mit einer kleinen Dose

Mandarinen runterzuschießen, aber die Dose ist über das Regal in die andere Reihe geflogen. Ich denke ja immer noch, dass der Zahn dieses Typen in der Reihe gegenüber schon vorgeschädigt war, aber meine Versicherung wollte keinen Rechtsstreit, und überhaupt mache ich das nie wieder.)

»Wieso werden eigentlich diese riesenhaften Helden ›Recken‹ genannt?«, fluche ich weiter. »Als wenn die sich jemals recken müssten!«

»Weil große Männer sich nicht anders an kleinen Männern rächen können«, erklärt mir meine kluge Frau ganz nebenbei die Wortherkunft, »als unter Lebensgefahr Heldentaten zu vollbringen, damit sie wenigstens ein bisschen was von der Aufmerksamkeit bekommen, die kleine Männer mit ihren ewigen Wehwehchen auf sich ziehen.«

Da hätte ich beinahe noch was gesagt, aber ich tue so, als hätte ich mir aus Versehen auf die Lippe gebissen.

Kurts Hose ist zu kurz

Vor 150.000 Jahren verließ der völlig zu Recht ab da so genannte moderne Mensch seine Heimat Afrika. Und zwar aus einem einzigen Grund. Weil er keine kurzen Hosen mehr tragen wollte.

Irgendwann kurz davor hatte sich nämlich beim Homo sapiens der Frontallappen eingeschaltet, und der hatte mit Entsetzen erkannt, dass er wegen des unerträglich heißen Wetters kurze Hosen trug. Die Konsequenz: Er machte sich sofort auf die nackten Beine und lief so lange in Richtung Norden, bis er in eine Klimazone kam, wo er endlich lange Hosen tragen konnte. Zwar waren dort die Winter eisig und stürmisch, Bären und Säbelzahntiger rissen Lücken in seinen Freundeskreis, und er musste sich in Höhlen am kargen Feuer wärmen, aber alles, alles war besser, als kurze Hosen zu tragen.

Die Bibel erzählt die Geschichte etwas anders, doch die Botschaft ist dieselbe. Sobald man auch nur einen Bissen vom Baum der Erkenntnis genascht hat, fällt es einem wie Schuppen von den Augen: Kurze Hosen sind der natürliche

Feind von Selbstwertgefühl und Menschenwürde. Nicht umsonst ist es verboten oder mindestens verpönt, in Synagogen, Kirchen oder Moscheen mit kurzen Hosen vor Gott zu treten. Ölscheiche gehen lieber in zeltartigen Umstandskleidern als in kurzen Hosen. Weder Karl Lagerfeld noch Wolle Joop haben jemals kurze Hosen entworfen. Selbst bei Adolf Hitler machte der Wechsel von der Krachledernen zur Vollhose den Unterschied zwischen tristen Selbstgesprächen im Ledigenheim und Stadiongebrüll vor Hunderttausenden.

Kurze Hosen sagen der Umgebung, dass einem die Hitze jedes modische Urteilsvermögen und jedes Gefühl für Außenwirkung aus dem Hirn gebrannt hat. Denn: Kurze Männer sehen in kurzen Hosen noch kürzer aus. Optisch gesehen haben sie in kurzen Hosen quasi keine Oberschenkel mehr und gleichen Enten, von denen man ja auch nur pickligen Knorpelstummel sieht, mit dem sie auf ihren Schwimmfüßen watscheln.

Lange Männer mit langen Beinen sehen aus, als wären sie untenrum Frauen. Es ist besser, nackt auf die Straße zu gehen, als kurze Hosen zu tragen. Wenn man nach einem sonnigen Tag seine kurzen Hosen auszieht, sieht man im Spiegel aus, als wäre einem ein Fahrbahnmarkierer über den Unterleib gefahren. Bis zur Hälfte des Oberschenkels Kellerbleiche, darunter staubiges Braun.

Beim Wandern ist die kurze Hose nichts als eine Bitte um Zeckenbiss und Borreliose. In den heimischen vier Wänden getragen, signalisiert die kurze Hose dem Partner, dass man in absehbarer Zeit nichts von ihm will. Im Garten gilt die kurze Hose als Zeichen, dass man beim Grillen gerne schreiend vor den Glühfunken herumspringt oder sich gleich ganz die Haare absengen lässt und dass einem das Vorstellungsvermögen fehlt, dass einem abends Mücken die Waden perforieren werden.

Es gibt einen einzigen Anlass, wo alle Beteiligten kurze Hosen tragen sollten. Bei Fragen, bei denen es um Leben und Tod geht, um das Schicksal von Millionen, bei Treffen auf höchster diplomatischer Ebene. Bevor Staatenlenker vor die Weltpresse treten, um anderen Ländern den Krieg zu erklären, sollten sie feierlich ihre Anzughose ablegen und in eine karierte oder geblümte Kurzhose steigen. Hier ist einmal der entmächtigende, alles ins Fragwürdige kippende Effekt der kurzen Hose erlaubt, ja erwünscht. Ein letzter Blick in den Spiegel, und selbst Donald Trump würde klar: »Ich bin ein Hosenscheißer mit einem Atomkoffer! Mutti sollte mir den Arsch versohlen!«

Stefan Schwarz
@schwarzseher

Hier ist es so heiß, mein russischer Kollege wäre eben beinahe koljabiert.

Endlich verstockt!

Schuld waren die Patienten. Die Patienten seiner Frau hatten Schwiegervater in diese Lage gebracht. Unaufhörlich hatten sie ihr, der selbstständigen Physiotherapeutin, Pralinen rübergeschoben. Eine kleine Aufmerksamkeit, ach nein, das muss doch nicht, doch, bitte sehr, damit meine Schwiegermutter bei zukünftigen Hexenschüssen nicht erst im Folgejahr wieder einen freien Termin hatte. Immer Pralinen. Ein Zehner sah zu sehr nach Bestechung aus. Blumen nach romantischen Absichten. Schwiegermutter öffnete die Schachtel am Freitag und aß davon zwei. Dann stand der Kasten das ganze lange Wochenende über rum.

Es war nun nicht so, dass die Pralinen ganz und gar offen irgendwo rumstanden oder gar den Weg versperrten mit all ihrem Nougat, Krokant und den Pistazien. Nein, der Pralinenkasten stand im Schrank, aber dort stand er schlimm »rum«. Und obwohl Schwiegervater jedes Wochenende nur jede halbe Stunde eine Praline naschte, machten ihn die Pralinen über die Jahre und Jahrzehnte prall. So beschwert ging Schwiegervater ins Alter und ging immer schlechter.

Ein Linksdrall hatte sich eingestellt, und das ist ja doof, wenn man geradeaus möchte, aber nach ein paar Schritten in des Nachbarn Einfahrt steht. »Ich denke, es wird Zeit für einen Rollator«, sagte denn auch der Arzt. »Ich denke, es wird Zeit für einen neuen Arzt«, antwortete Schwiegervater brüsk, erhob sich und ging entschlossen links ans Fenster, obwohl er eigentlich aus der Tür hinauswollte. Niemals würde er sich mit einer Vorbeugehilfe vorgebeugt durch das Dorf schieben, gekrümmter als ein Trabbi-Vorschalldämpferkrümmer, ein Bild des Jammers, vielleicht sogar Anlass für Schadenfreude bei den ganzen mopsigen Versagern, die er als Sportlehrer beim Bockspringen gegen das Pferd knallen sah. Tags darauf, als er ein schiefes Obstbäumchen an einen Pflock band, ward Schwiegervater erleuchtet.

Er erwarb einen Gehstock mit Handmulde und Hakenknauf. Schon nach ein paar Schritten fand er sein Gehen ganz wunderbar in neuem Rhythmus. Fuß-Stock-Fuß klang es wie Populärmusik in seinen Ohren. Und anstatt als ulkiges Dreibein durch die Fenster der Nachbarn angeglotzt zu werden, sah er, was ihm im Alter bislang gefehlt hatte. Ein Zeichen seiner Würde. Wo früher Menschen nur ungern seines unsicheren Ganges gewahr wurden, wurde er jetzt erleichtert gegrüßt. Signalisiert doch ein Mann mit einem Stock allen Passanten, dass er nicht gleich umfällt und mühsam aufgerichtet werden muss. Der Stock stützt nicht nur, er gibt auch Nothalt, wo ein fehlender Stein im Pflaster sonst mit einem veritablen Oberschenkelhalsbruch lockte. Ein älterer Herr, der mit dem Spazierstock Wandergesellen den Weg weist, zeigt mit der Länge des Stockes gleichsam die Ausdehnung seiner Geländekenntnis an.

Doch der Stock verleiht nicht nur Würde, sondern altersgerechte Wehrhaftigkeit. Man kann Graffiti-Vandalen damit aus sicherem Abstand auf die Schulter tippen und sie am Weglaufen hindern, weil der runde Griff exakt dem Halsradius von Lausebengeln entspricht. Der erhobene Stock kann als Baseballschlägerersatz Autofahrer, die zu schnell an den Zebrastreifen heranfuhren, um ihre Motorhaube bangen lassen. Und er verändert das Sitzen auf sonnigen Bänken, wo man sonst trostlos seine Hände im Schoß bunkerte oder von den Seiten herabhängen ließ. Mit den Händen auf dem Stock weilt der Grande in Ruhe und Habacht, verschmitzt ist sein Blick. Auch dank der im abschraubbaren Knauf verborgenen Phiole Becherovka.

Stefan Schwarz
@schwarzseher

Ein Brot, das man nicht belegen kann, ist nur eine Hypothese.

Nie wieder alter Blödkopp – Ein Nachruf

Als Vater ans Sterben ging, nahm er sein Interesse an der Welt zurück, wie jemand, der am Ende einer langen, lauten Party sich einmal streckt und gähnt, zum stillen Zeichen, dass die Gäste sich jetzt entfernen mögen. Meine Schwester berichtete ihm Enkeltratsch, aber er schaute weg und bebrummelte es nicht mal. Als ich ihn das letzte Mal besuchte, schlief er so fest und entschlossen, dass ich ihm gar nichts mehr erzählte, sondern nur seine Hand hielt, weil dies ja das Erste ist, was ein Vater mit seinem Sohn macht, und deswegen auch das Letzte sein sollte, was ein Sohn mit seinem Vater tut.

»Ich glaube, es geht zu Ende«, sagte ich denn auch zu meiner Schwester am Telefon, und wir überlegten, ob man noch alle Enkel zusammentrommeln sollte, um gemeinsam von ihm Abschied zu nehmen. »Nein«, sagte ich schließlich, »er soll nicht wissen, dass wir wissen, dass er stirbt. Das würde ihn nur quälen.«

Wir sind ja alle getränkt von pastellfarbenen Bildern, wo Familie und Freunde um das Siechenlager stehen und beten, während der Sterbende versucht, letzte Worte von großer

Weisheit zu sprechen oder seine Reichtümer dem Kanarienvogel vermachen will, weshalb alle sofort anfangen, ganz laut zu singen. In Wirklichkeit will niemand im Kreise seiner Liebsten sterben. Wie soll man loslassen, wenn alle zugucken? Jeder will im Kreise seiner Liebsten alt werden und, wenn es sein muss, auch bedürftig und gebrechlich, aber zum Sterben will man allein sein.

Vater wusste, dass wir am Ende mit seinem Tod klarkommen mussten und nicht er. Er war ein katholisch getaufter Kommunist, und seine Sünden waren dank eines herrlichen Zufalls allesamt getilgt. (Ich war vor einigen Jahren im Petersdom durch die nur selten geöffnete Heilige Pforte gegangen und hatte mit der Berührung derselben eine Komplettvergebung aller seiner Sünden bewirkt, wobei dieselbe fast aus den Angeln ging.) Was zu sagen war, war vorher gesagt worden. Zu Kindern, zu Enkeln, zu Freunden. Es mag Familien geben, die den nahenden Tod brauchen, um den Reißverschluss der einander trotzig gesinnten Seelen aufzuziehen, um in einem letzten Gestammel alle Verzeihung zu erreichen, die man sich vorher nicht geben wollte, aber so waren wir nicht. Wir nahmen nicht übel, und deswegen hatten wir viel Spaß miteinander. Wir kratzten nicht unsere Haxen auf der Fußmatte ab, sondern ließen unsere Egos draußen, wenn wir zusammenkamen.

Ich hatte mit wenigen Menschen so viele gute Gespräche und so viel Gelächter wie mit meinem Vater. Er war als ein Nichts geboren, ein Bastard, der seinen eigenen Vater nie kannte und seiner Mutter fremd blieb. Eine scheißarme Barfußjugend, eine Vertreibung in ein Land, das ihn nicht erwartete. Aber ein Staat, der ihm die Hand reichte. Er war belesen wie ein Professor und konnte saufen wie ein Bierkutscher. Sein Leben war eine einzige Anmaßung. Die Anmaßung eines kleinen Knechtes, mehr zu wollen, als ihm zustand. Er ist gelobt und bespuckt worden. Beides nahm er mit einem Achselzucken hin. Ich mochte ihn sehr. Ich habe, seit ich denken kann, Witze mit ihm gemacht, weil das die zärtlichste aller Gesten ist und weil ich in einer Zeit, die unentwegt Unflat über ihm ausgoss, wollte, dass er als Mensch in meinen Zeilen erscheint. Es war ein Verteidigungsakt. Und er lachte über die Witze und sagte: »Du alter Blödkopp!«

Er hatte das ehrlichste, verblüffteste Lachen der Welt, und ich war so süchtig danach, dass ich beschloss, daraus einen Beruf zu machen. Und jetzt, wo ich weiß, dass ich es nie mehr hören werde, bin ich trauriger, als ich es ertragen kann.

Vielfalt der Vererbung

Irgendwann, als mein Sohn noch im Bauch seiner Mutter schwamm und am Daumen nuckelte, muss ein kleiner Schock durch die aufeinander zuzüngelnden Neuronen seines reifenden Hirns gegangen sein, irgendeine Notbremsung an einer Ampel oder ein Gurkenglas, das seiner schwangeren Mutter aus den Händen glitt. Entsetzt zogen sich die Synapsen zurück, weshalb die Hirnareale »Angst vor fremden Menschen/Situationen« und »schlimme Sorgen, was andere über mich denken könnten« leider unbesetzt blieben.
Seitdem eigen ist ihm eine Unschüchternheit, die ihn stets in ein bleibendes Erlebnis für alle Beteiligten verwandeln. Wann immer ich entdeckte, dass mir für das Mittagessenkochen etwas fehlte, er ging und holte es, ohne Zaudern, ohne Zögern. Lief pfeifend die Straße hinunter, streichelte Hunde und Katzen, ermahnte Grundschüler, beim Überqueren der Straße achtsam zu sein, und betrat die Kaufhalle mit großem Hallo.

»Guten Tag allerseits! Das scheint mir hier ja eine bestens ausgestattete Kaufhalle zu sein! Ich bin der Herr Schwarz Junior, und ich suche gelbe Schälerbsen. Sie sind die Verkäuferin Frau Polychronidis, wie ich Ihrem Schild entnehmen darf? Es freut mich, Ihre Bekanntschaft zu machen! Ihr Name klingt griechisch. Lassen Sie uns die Zeit, während Sie mich zu den gelben Schälerbsen führen – ich brauche im Übrigen nur 250 Gramm, mein Vater will irgendwas Indisches kochen – nutzen und über griechische Mythologie reden. Ich habe seinerzeit den Gustav Schwab sehr gerne gelesen, und die Legende von Narziss spiegelt, wenn dieses Wortspiel erlaubt ist, die Situation des modernen Menschen auf eine Weise, die …« So war das immer, und noch heute werde ich von Frisösen, Müllmännern, Politessen und Gebrauchtwagenhändlerkärtchen-Verteilern angesprochen, was mein Sohn so mache und wie es ihm gehe. Ich hatte darüber fast schon vergessen, dass es auch anders entwickelte Gehirne in meinem Nachwuchs gibt.

»Frag doch die Verkäuferin da drüben, wo diese Mirakelcreme steht«, sage ich nun zu meiner Tochter, die in der Abtön- und Grundierungsabteilung des städtischen Gesichtsbaumarktes steht und der ich zeugnishalber eine teure Paste bezahlen will, die sie zur schönsten Gymnasiastin im Leistungskurs Chemie machen soll.

»Nein«, zischt meine Tochter, »ich finde die allein!« Vor uns dehnen sich Regalreihen mit allen Hauttönen dieser Welt.

»Soll ich sie fragen?«, erkundige ich mich.

»Nein!!«, zischt die Trollprinzessin noch aggressiver. »Du fragst sie nicht!!« »Aber dazu steht sie ja da!« »Das ist mir egal! Ich hasse Verkäuferinnen!« Die Verkäuferin, eine morgenländische Schönheit mit Kleopatra-Augen, kommt auf uns zu und fragt, ob sie uns helfen kann. Die Trollprinzessin krümmt sich und verneint mit autistischem Kopfschütteln, aber blitzt mich von unten an, sodass ich mir ein verlogenes »Wir gucken nur!« abpresse.

Wir suchen jetzt schon eine Viertelstunde. Ich habe Hunger, bin benommen von den vielen schweren Düften und muss eigentlich auch mal pinkeln. Gott sei Dank entdecke ich kurz darauf eine Bekannte in der Reihe nebenan und schleiche mich hinüber. Eine Minute später geht die Verkäuferin mit ihr an uns vorbei und sagt laut und für alle hörbar, als sei sie mein Sohn: »Miracle Skin Protector von Flaubier finden Sie in Reihe sieben, Regal vier, ganz oben!«

Ich tippe unschuldig meine Tochter an und frage, ob das nicht zufällig ihre Sorte ist. Aber sie hat den Braten gerochen. »Nee, Papa, so nicht! Jetzt will ich die nicht mehr! Lass uns ein Buch kaufen gehen!«

Sperma die Tür ab!

Als ich 1984 wegen einer Mandeloperation im Krankenhaus weilte, verliebte sich eine Krankenschwester in mich. Der Grund war, dass ich nicht sprechen, sondern nur dankbar gucken durfte. Da fällt das Verlieben natürlich leicht. Sobald ich wieder genesen war, lud sie mich denn auch ein, das Krankenhausbett mit dem ihren zu vertauschen, und wir liebten uns ausdauernd und erfolgreich.

Am nächsten Morgen traute ich meinen Augen nicht. Die Krankenschwester, eigentlich ein Wesen von Anmut, Glätte und Jugendfrische, saß rotfleckig und voller Pusteln am Frühstückstisch. Nachdem sich das nach jeder Liebesnacht wiederholte und alle Nahrungsmittelunverträglichkeiten ausgeschlossen waren, wusste ein interessierter Arzt endlich die zeitliche Koinzidenz zu lesen. Die Krankenschwester war allergisch auf mich beziehungsweise wichtige Teile davon. Es war eine Sperma-Allergie. In der sonst so sorglosen Pillenrepublik DDR musste ich mich also fortan dazu bequemen, Produkte des VEB Gummiwerke »Werner Lamberz« aufzuziehen, die in der Version »trocken« eine beträchtliche Lubrikationsbereitschaft meiner Geliebten voraussetzte und die ungefähr so gefühlsecht waren wie ein Schweißerhandschuh. Hinzu kam, dass es nun öfter zu Streits zwischen uns beiden kam, da einer der schönsten Effekte des Spermas ausfiel: der Entspannungs- und Kuscheleffekt durch das im Sperma enthaltene Oxytocin.

Sperma ist eine der überraschendsten Flüssigkeiten des Universums. Es kann mit einer Geschwindigkeit fast 20 km/h fliegen, entsprechende Verflüssigung und Druckaufbau vorausgesetzt, und bleibt dank der in ihr enthaltenen Eiweiße hervorragend dort kleben, wo es landet. Das verblüfft gerade junge Männer, die in dieser Zeit gerne unaufgefordert die Gardinen des Jugendzimmers im Wochenrhythmus waschen. Und doch könnte eine skeptisch gewordene Mutter mit einer einfachen UV-Lampe das Action Painting an den Vorhängen wieder sichtbar machen, denn das magische Sperma behält seine fluoreszierenden Eigenschaften auch nach dem Herauswaschen. (Machen Sie das nicht mit der Bettwäsche in Hotelzimmern. Sie wollen das doch gar nicht wissen.)

Eine andere tolle Substanz in der Samenflüssigkeit ist Spermin. Es hat verjüngende Wirkung und wird deswegen auch in Anti-Aging-Produkten eingesetzt. Das oft als maskuline Dominanzgeste in Pornofilmen gedeutete Besudeln des Gesichtes der Partnerin hat also möglicherweise nur hautpflegerische Impulse des Mannes zum Hintergrund. Andererseits ist gerade hier Vorsicht geboten, denn Sperma verändert sehr nachdrücklich seinen Geschmack je nach Ernährung des Produzenten. Und wer will schon eine Frau, die gleich nach dem Blowjob ausruft: »Jetzt weiß ich endlich, wer die Ananas gegessen hat!«

Interessant ist auch, dass die quirligen Spermien im Mann selbst völlig apathisch sind und mühsam mit Flimmerhärchen bewegt und am Ende mit härtesten, weil vegetativen und damit auch unkontrollierbaren Muskelkontraktionen aus dem Körper herausgeprügelt werden müssen. Einmal in der Vagina, schwimmen sie sich dann allerdings die Seele aus dem Zappelschwänzchen. Frauen, die damit unkontrolliert »kontaminiert« wurden, hatten bis zur Erfindung der Pille ihre liebe Not damit. Im Kaiserreich galt eine Spülung aus Chinin und Zitronensäure (zu Unrecht) als Geheimtipp, um den verfluchten Massenstart der Spermatozoen zum Erliegen zu bringen.

Wenn Sie also demnächst mit Ihrem Lieblingsmenschen einen Gin Tonic trinken, denken Sie auch einmal an das wundersame Sperma.

Zehn Minuten Kassenhass

Liebe Leserinnen und Leser, gucken Sie bitte jetzt auf die Uhr und merken Sie sich die Zeit. Okay? Los geht's!

»In der Einkaufsstation befindet sich ein unerwarteter Artikel«, sagt die Frauenstimme der Automatenkasse bei REWE, »bitte warten Sie auf das Ladenpersonal!« Sie hat es jetzt schon etwa zwanzigmal gesagt, und ihre Stimme hat sich nicht verändert, weder in Tonhöhe noch Betonung. Das geht so nicht. Künstliche Intelligenz muss auch künstliche Hysterie einschließen. Denken und Fühlen gehören schließlich zusammen. Kein Mensch dieser Welt würde es sich so lange gefallen lassen, dass sich ein unerwarteter Artikel in seiner Einkaufsstation befindet.

Im Film »Alien« von Ridley Scott befindet sich ein unerwarteter Artikel in einem der Astronauten, und das wächst sich bekanntermaßen zu einem nervenzerfetzenden Thriller aus, der zu Recht viele Fortsetzungen hat. Das Warten auf das Ladenpersonal würde nämlich viel mehr Spaß machen, wenn die Automatenkasse zunehmend stärker beunruhigt auf den unerwarteten Artikel reagieren würde. Erst mit leichter Unruhe, dann mit kaum verhohlener Panik und schließlich mit blankem Gekreisch.

Hey, Programmierer, das kann nicht so schwer sein! Auch ein unterstützendes Zittern und Schwitzen des offenkundig autistischen Automaten, der angesichts eines unerwarteten (!), vielleicht nicht mal zum REWE-Sortiment gehörenden (!!), womöglich nicht den Hygienebestimmungen entsprechenden (!!!) Artikels die Krise kriegt, kann man heute mit Mitteln der avancierten Mechatronik in so einen Kasten einbauen.

Mehr noch. Jede der drei hier aufgestellten Automatenkassen könnte auf diese Weise eine eigene Persönlichkeit programmiert bekommen. Eine könnte den Panik-Automaten zu beruhigen versuchen, mit tranigen Therapeutensprüchen wie »Lass dich doch einfach mal auf den unerwarteten Artikel ein!« oder »Wie langweilig wäre unser Leben, wenn alle Artikel nur erwartete Artikel wären!«. Der andere Automat könnte den Einkäufer anraunzen wie eine Café-Bedienung zu Ostzeiten: »Was hasten da wieder gemacht, hä? Biste zu blöd, ne Einkaufsstation zu füllen? Guck dir mal an, was du angerichtet hast! Was für ein unglaublicher Trottel!«

Das wäre ungemein menschelnd und würde das öde Regal-Ablatschen endlich zu dem Shopping-Erlebnis werden lassen, von dem die REWE-Bosse immer träumen. In einem weiteren Schritt könnte man Automaten-Persönlichkeiten mit Integrationsschwierigkeiten aufspielen (»Eh, hasse du eben unerwartete Artikel in meine Einkaufsstation gelegt? Ich hole mein Ladenpersonal, Alder, und dann klären wir das wie Ehrenmann!«) oder vom Typ Freudenmädchen (»Na, Süßer, haste Bock, mal einen unerwarteten Artikel in meine Einkaufsstation zu legen? Kost dich nen Fuffi! Aber nur, weil du es bist!«).

Sie werden sich sicher fragen, ob ich diesem Thema nicht zu viel Aufmerksamkeit widme. Das kann gut sein, aber ich hatte auch viel Zeit, mir diese Sachen auszuspinnen, denn wenn Sie jetzt wieder auf die Uhr gucken, wissen Sie, wie lange es gedauert hat, bis das Ladenpersonal gekommen ist, die Automatenkassen entsperrte und mich belehrte. »Sie dürfen das Zeug auf der Taschenwaage nicht mehr anheben«, sagt die Verkäuferin, »Das mögen die Dinger nicht. Da sind die ganz empfindlich!«

So viel zur Automaten-Persönlichkeit, denke ich und frage dann: »Ist das immer gleich? Sind die abends empfindlicher als morgens? Oder nur alle 28 Tage?«

Kleine Geschichte von der Sehnsucht nach Größe

Doktor Roddack war mir empfohlen worden. Er hatte sich durch mehrere, viel beachtete Publikationen einen Namen in der Identitätspsychologie gemacht. Seine Bücher »Der Anteil der Anteilnahme an der Verinnerlichung von Äußerungen« und »Langweiligsein als Aggression« galten als Standardwerke. Unvergessen auch, dass er es abgelehnt hatte, ein Buch über die Kraft des Neinsagens zu schreiben.

Er vergab nur selten Termine und dies auch nur privat. Ich aber hatte unlängst ein bisschen Geld mit Aktien verdient, will sagen, ich hatte jetzt endlich mal genügend Geld übrig, um mich einem seelischen Problem zu widmen, das mich Zeit meines Lebens umgetrieben hatte.

Doktor Roddack ließ mich denn auch vor ihm in einem Polsterstuhl Platz nehmen. Er war kein Freudianer, und man musste sich nicht auf die Couch legen. Ich hatte einmal in meinem Leben eine Psychoanalyse begonnen, war aber schon bei der zweiten Sitzung auf der Couch eingeschlafen, was meiner damaligen Therapeutin allerdings nicht auffiel, weil sie selber eingeschlafen war. Nach einer Dreiviertelstunde piepte der Wecker, und die Psychoanalytikerin erwachte mit einem kurzen Schrecken, versuchte hektisch ihre Notizen zu entziffern und sagte dann schnell: »Ihre Furcht war also, ihre Mutter könne beim Friseurtermin gegen eine andere Frau ausgetauscht worden sein … Oh, ich sehe gerade, unsere Zeit ist ja schon wieder um.« Wir quälten uns noch ein paar Male miteinander, aber ich hatte das Gefühl, sie nahm mich nicht ernst. Was sie freilich mit fast allen Menschen dieser Welt gemeinsam hatte.

Deswegen war ich jetzt bei Doktor Roddack, und er war anders. Er hatte bei der Schilderung meines Anliegens offensichtlich ganz ernsthafte Bauchschmerzen. Auch zog er ab und zu Luft durch die zusammengebissenen Zähne, als ich ihm erklärte, ich bräuchte ein positives Gutachten, um die notwendigen Eingriffe von der Krankenkasse erstattet zu bekommen. Und am Ende kniff er einmal ganz fest die Augen zusammen, als hoffe er inständig, ich könne beim Wiederöffnen der Augen verschwunden sein. Dann schwieg er eine Weile und meinte schließlich: »Ich bin unsicher, was Ihr Problem betrifft.« Er legte die Fingerspitzen seiner Hände zusammen und ließ sie nachdenklich gegen seine Oberlippe wippen. »Es könnte auch eine Wahnvorstellung sein.«

Ich erwiderte, ich sähe mich schon und zweifellos als Pionier in dieser Frage, und wie alle Erneuerer müsse ich mit dem Widerstand der Gesellschaft rechnen. Aber wahnsinnig sei ich deswegen noch lange nicht. Ich wäre nur nicht länger bereit, mich in meinen Lebenschancen beschneiden zu lassen. Ich wolle nicht weniger und nicht mehr, als endlich als der zu leben, der ich bin.

»Und Sie wollen sagen, Sie sind eigentlich ein großer Mann!«

»Richtig«, sagte ich, »gefühlt ungefähr einen Meter neunzig!«

»Woran merken Sie das?«, fragte Doktor Roddack.

Ich stand auf, ging in die Mitte des Zimmers und schritt dort bedeutend unter der Deckenlampe hindurch.

»Haben Sie das gesehen?«, fragte ich dann, »wie ich den Kopf eingezogen habe, als ich unter der Lampe durchging?«

»Das hätten Sie nicht tun müssen. Sie hatten noch einen halben Meter Luft.«

»Genau. Aber das ist doch der Beweis. Ich fühle wie ein großer Mann. Ich bin ein großer Mann, gefangen im Körper eines kleinen Mannes.«

»Seien Sie doch froh, dass Sie sich nicht überall den Kopf stoßen!«

»Ich will mir aber den Kopf stoßen!«, rief ich, »ich will all das erleben, was große Männer jeden Tag erleben dürfen!«

»Wenn Sie wollen, hebe ich Sie kurz hoch und lasse Sie an die Lampe stoßen.«

»Nein, Sie verstehen mich nicht. Ich will meine Beine unter zu niedrige Tische klemmen. Ich will mich in Hotelbetten krümmen, weil sie zu kurz sind. Ich bin groß. Sehr groß! Hier in mir drin. Ich war schon immer groß. Nur die Gesellschaft hat mich in die Rolle eines kleinen Mannes gezwängt.«

»Was blieb der Gesellschaft anderes übrig?«, erklärte Doktor Roddack, »Sie sind nun mal nur einen Meter fünfundsechzig groß.«

»Meine Eltern wussten früh, dass mit mir etwas nicht stimmt. Ich wollte immer schon Ruderer oder Basketballer werden. Trainer schüttelten den Kopf. Bekannte und Verwandte machten sich lustig. Meine Eltern aber trösteten mich. Oft sagten sie zu mir: »Wenn du mal groß bist, wirst du sehen, dass …« Und so hoffte ich lange, dass ich groß werden würde. Es geschah nicht.«

»Ja, Gott, das sagt man so. Wenn du mal groß bist …«, meinte der Doktor.

»Ich habe immer die Gesellschaft großer Jungs gesucht. Mit kleinen Jungs konnte ich nichts anfangen. Mein bester Freund war Robert. Er war in der dritten Klasse schon so groß wie andere in der siebten. Wir hatten im Schulhort Stelzen, und ich war bald so firm im Umgang mit ihnen, dass ich mit dem riesigen Robert meine Runde über den Schulhof machen konnte, und zwar auf Augenhöhe. Wir sahen Bälle, Papierflieger oder Schulbrote auf dem Vordach des Eingangs liegen, Dinge, die kleine Jungs nie sehen würden. Es war jedes Mal ein Schmerz, wieder von den Stelzen absteigen zu müssen.«

»Gut«, unterbrach mich Doktor Roddack, »angenommen, es beeinträchtigt tatsächlich Ihr Wohlbefinden. So eine Vergrößerung muss ja in Relation zu den Risiken stehen. Wir sprechen hier nämlich nicht von einer einzigen Operation, nach der Sie aufwachen und ein großer Mann sind. Bedenken Sie auch, dass man – Stand heute – die Wirbelsäule eines Menschen noch nicht großartig verlängern kann. Es können also nur Arme und Beine verlängert werden. Das geht, aber es muss in mehreren Etappen erfolgen. Nehmen wir an, die Ärzte würden zunächst Ihre Arme verlängern. Dann würden an Ihnen eine Weile die Arme wie bei einem Orang Utan herumbaumeln. Umgekehrt, würde zuerst die Beinverlängerung erfolgen, dann wären sicher Ihre Arme für eine geraume Zeit zu kurz, um sich allein die Schuhe zuzubinden. Dann ist auch bei wirklich erheblichen Verlängerungen, wie es Ihnen vorschwebt, noch gar nicht klar, ob die Pumpleistung Ihres kleinen Herzens mit den verlängerten Extremitäten klarkommt. Möglicherweise kollabieren Sie jedes Mal, wenn Sie den Arm heben, um den Kellner oder ein Taxi zu rufen. Stellen Sie sich das vor, Sie sitzen mit einer schönen Frau im Restaurant, wollen noch eine zweite Flasche Schampus ordern und fallen urplötzlich vom Stuhl. Nicht schön.«

Ich wandte ein, das würde ich in Kauf nehmen. Außerdem würde sich die Vergrößerungsmedizin weiterentwickeln. Ich sei da optimistisch.

Der Doktor merkte, dass er mit medizinischen Einwänden nicht weiterkam. »Warum wollen Sie eigentlich Ihren Leidensgenossen den Rücken zukehren, sich aus dem Staub machen und das Lager wechseln? Es gibt viel Kleinenfeindlichkeit auf der Welt, und Sie könnten etwas dagegen tun! Tausende kleine Männer steigen jeden Tag nach einer Durchsicht in das eigene Auto und finden den Sitz so weit zurückgestellt, dass sie mit den Füßen nicht mehr ans Gaspedal kommen! Das ist nur ein Beispiel für alltägliche, gedankenlose Kleinenfeindlichkeit, und Sie könnten Kfz-Mechaniker dafür sensibilisieren.«

Ich zuckte mit den Schultern. Ich hatte eine Lösung für das Problem. Längere Beine.

Doktor Roddack aber gab nicht auf. Er wollte um keinen Preis ein Präzedenzgutachten schreiben, auf das sich dann andere Wichte beziehen konnten. Seine wissenschaftliche Reputation war in Gefahr, wenn er Körpergröße als innere Wahrheit definierte, die zu äußerer Wirkung gebracht werden müsse. Stattdessen versuchte er, mich mit der Welt der Kleinen zu versöhnen, indem er mir weiter empfahl, sie als bloßes Politikum anzusehen.

»Oder nehmen wir nur die unerträglichen Vorurteile gegen kleine Männer im Partnerschaftsgeschäft. Denken Sie an die Unzahl von Kontaktanzeigen, in denen Frauen x-beliebige Partner suchen, gern mit Bauch oder Glatze, aber bitte erst ab einem Meter fünfundsiebzig! Hier muss ein Umdenken erfolgen. Hier sollte mal ein Kleinmännerrrechtler Ihres Formats dreinschlagen! Sie haben das Potenzial, eine ganze Plattform zu begründen, beispielsweise bei den Linken. Die kleine Plattform. Oder von mir aus auch bei der AfD. Der kleine Flügel. Der kleine Kreis bei der SPD. Vielleicht könnten Sie im Bundestag Kleine Anfragen an die Bundesregierung lancieren. Bald könnte es einen »Kleine-Männer-Bericht«

des Familienministeriums geben. Die Bundeswehr müsste kleinen Männern den Zugang zur Ehrengarde gewähren, und die Kanzlerin würde ihre Staatsgäste an einer Reihe von sehr kleinen Gardisten vorbeiführen! Die »kurzen Kerls«, wie Friedrich der Zweite sie genannt hätte. Das wäre nichts weniger als eine kulturelle Revolution, und Sie könnten ihr Anführer sein«, lockte Doktor Roddack.

Ich schwieg trotzig.

Der Doktor warf seinen letzten Trumpf.

»Sie als Festredner beim ... Tag der deutschen Kleinheit!«

Er zwinkerte mir aufmunternd zu.

»Nein, nein, lieber Doktor«, entgegnete ich, »ich will nicht für eine andere Welt kämpfen, in der kleine Männer nicht mehr geringschätzig behandelt werden. Ich weiß doch, wie das weitergeht. Erst ein Enthüllungsbuch, dann Betroffenen-Gruppen, schließlich Demonstrationen, Zeitungsartikel, die Medien stürzen sich drauf, die Politik reagiert, Selbstverpflichtungen der Filmindustrie kommen hinterdrein, es gibt »anders große« Kommissare oder »Winzig, witzig, wunderbar - die Show der kleinen Männer«, dann die Supermärkte mit Extra-Regalen, die »Kleine-Männer-safe« sind, und schon geht das Thema den normalen Leuten auf den Sack. Leute, die vorher ein paar harmlose, blöde Späßchen über kleine Männer gemacht haben, werden plötzlich »aufmerksam gemacht«, dass ihre Sprache kleinen Männern schadet. Unversehens stehen sie als kleinmännerfeindliche Dumpfbacken da, Wut kommt in ihnen auf, und wenn sie das nächste Mal besoffen aus der Kneipe kommen und einen kleinen Mann sehen, stürzen sie sich auf ihn und verprügeln ihn. Dem ›Kleine-Männer-Café‹ werden die Scheiben eingeschmissen, und junge Rowdys erklären ihre Dörfer zu ›Kleine Männer-Freien Zonen‹. Das will ich nicht. Ich will einfach größer sein.«

Doktor Roddack seufzte.

»Gut, wir wiederholen das Ganze noch dreimal in diesem Jahr. Wenn Sie dann immer noch dieser Meinung sind, schreibe ich Ihnen was.«

Ich reckte eine Siegerfaust in den Himmel.

»Aber ich warne Sie!«, fuhr der Doktor fort, »eine neue Identität bleibt nicht ewig neu. Irgendwann wird sie normal, und Sie können sie nicht mehr genießen. Dann brauchen Sie wieder starke Reize. Plötzlich merken Sie, dass Sie weder zu den Kleinen noch zu den Großen gehören, sondern zu den Gestreckten. Sie werden sensibel, was Bemerkungen über Ihre Streckung betrifft. Sie prägen das Wort »Gestrecktenfeindlichkeit«. Plötzlich sehen Sie sich von lauter Extentophoben umgeben. Und müssen doch wieder Politik machen.«

Eine gewisse unabweisbare Ehrfurcht vor der Weisheit Doktor Roddacks ergriff mich, zusammen mit gehörig Resignation.

»Was soll ich denn machen? Das ist doch alles Scheiße.«

Doktor Roddack legte mir eine Hand aufs Knie und sprach gutmütig.

»Fahren Sie einmal im Jahr nach Laos. Laoten sind die kleinsten Männer auf der Welt. Die überragen Sie fast alle.

Besuchen Sie deren kleine Hütten, stoßen sich ausgiebig den Kopf und krümmen sich nach Herzenslust in zu kurzen Betten. Da können Sie endlich der große Mann sein, als der Sie sich schon immer fühlen.«

Freude erleuchtete mein Gesicht.

»Danke«, sagte ich.

»Zahlen Sie bar?«, fragte Doktor Roddack.

Stefan Schwarz
@schwarzseher

War gerade in einer Barock-Oper.
Die Zeit verging wie im Langstreckenflug.

Auf Schnupperkurs

Wenn es auf Partys nichts zu reden, nichts zu hören und nichts zu sehen gibt, empfiehlt es sich, die Wahrnehmungsebene zu wechseln. Denn selbst auf den langweiligsten Partys gibt es oft sehr Interessantes zu riechen. Menschen, denen man keine Sekunde seiner intellektuellen Aufmerksamkeit schenken möchte, stehen oft umgeben von einem wundervollen Odeur, in dem ihr frischer Schweiß und ihr verröchelndes Parfüm eine unglaubliche Würze entfalten, und man fragt sich, was die Natur uns damit sagen will. Denn wie wir aus der Forschung wissen, ist der Körpergeruch die letzte Wahrheit über unsere genetische Passform. Der sogenannte MHC-Komplex lockte uns aus der Tiefe fremder Achsel und Halsbeugen zum Perfect Match. Natürlich nur aus Sicht der Evolution, der es um krankheitsresistente Nachkommen geht.

Über die Qualität der anstehenden Liebesnacht oder gar einer folgenden Beziehung sagt so eine schnupperdufte Genkombi leider nichts aus. Trotzdem können wir nichts dagegen tun. Der Geruch eines Menschen ist der stärkste Liebesreiz, den die Natur aufzubieten hat. Und: Frauen sind hier klar im Vorteil. Während des Eisprungs bildet sich im Genital eine betörende Mischung mit dem sprechenden Namen Kopulin, die das Urteilsvermögen von Männern im selben Maß absenkt, wie es den Testosteronspiegel erhöht.

Sie sind herzlich aufgefordert, meine Damen, den Unterschied zwischen »fruchtbaren« Partys und »unfruchtbaren« Partys selbst festzustellen. Wenn Sie voll auf Kopulin sind, können Sie mit Zahnspange und Hornbrille in der Ecke stehen, und es werden Ihnen intime Gespräche und Engtänze angeboten werden.

Heinrich der Dritte jedenfalls wurde prompt von leidenschaftlicher Liebe zu Maria von Cleve ergriffen, kaum dass er sich auf einem Fest mit ihrem schweißtriefenden Hemd das Gesicht getrocknet hatte. Napoleon schrieb seiner Josefine, er werde in ein paar Tagen heimkommen und sie möge bitte jetzt schon aufhören, sich zu waschen, damit nicht nur sein Mund und seine Augen etwas von ihr hätten. Für Baudelaire war denn auch der Geruch der dritte und höchste Grad der Wollust. (Er verweist auch auf den Wohlgeruch von Dunkelhäutigen für europäische Nasen, ein Indiz dafür, dass die Evolution bei »Interracials« klar den Daumen hebt.)

Der Effekt der duftenden Anziehung funktioniert aber auch in der Gegenrichtung, wie das berühmte Experiment von Karl Grammer zeigt, der in einem ansonsten leeren Wartezimmer voller Sitzgelegenheiten einen einzigen Stuhl mit männlichen Pheromonen besprühte, woraufhin die hierher zum Warten gebetenen Probandinnen sich nach kurzer Suche alle rätselhafterweise auf genau diesem Platz niederließen. Dieser Versuch beeindruckte den Forscher so sehr, dass er danach bekannte, sich nicht mehr mit Deodorants und Ähnlichem um eine mögliche Damengunst zu bringen.

Der kurze Weg von der Nase zum limbischen System unter Umgehung der Großhirnrinde birgt gerade für Frauen oft paradoxe Erlebnisse. Der Kollege, der auch bei mehrmaliger Prüfung überhaupt nicht ins Beuteschema passt, wird plötzlich zum Objekt wilder Fantasien, nur weil er sich dienstbedingt einmal über dieselbe Akte gebeugt hat.

Wenn Ihnen also wieder mal langweilig sein sollte bei geselligen Zusammenkünften, schließen Sie einfach die Augen und wandern Sie ein bisschen umher, bis Ihnen Ihre Nase sagt, dass Sie stehen bleiben sollten. Da schauen und staunen Sie!

Ein unfassbares Privileg

Ich wollte nie Bundeskanzler werden, aber ich werde wohl nicht drum herumkommen. Historiker werden später schreiben, es wäre mir um die Rettung Europas, der westlichen Werte oder der transatlantischen Solidarität gegangen, aber die Wahrheit ist sehr viel privater: Ich bin gern allein auf Klo. Durch mein Leben zieht sich eine Leidensgeschichte gequälter Verhaltungen angesichts blecherner Pissrinnen in Ferienlagern, an denen meine Mit-Hänflinge bedeutende Bögen strullerten, sich durchbiegender Donnerbalken voller quarzender Rekruten im Feldlager oder pöbelnder Fernfahrer, die sich auf halboffenen rumänischen Aborten gegenseitig brutale Witze abpressten. Ich bin ein Dichter. Ich bin sensibel. In allen Belangen. Man kann nicht untenrum ein Bierkutscher sein und oben Rainer Maria Rilke. Ich brauche Ruhe und Einsamkeit bei jedwedem Geschäft, und die gibt es nun mal nur als Bundeskanzler.

Wie ich darauf komme? Meine Frau war eines Tages als Journalistin und Netzwerktätige in ein ostdeutsches Großunternehmen geladen worden, welches sein zwanzigjähriges Bestehen feierte. (Es wäre eine Überlegung wert, ob man nicht auch bei Menschen das bloße Bestehen feiern sollte und nicht die schmerzhafte Erinnerung an den Geburtstag, diesen einen glücklichen Tag, wo noch alles möglich war, bevor man es so gründlich vermasselte.) Egal. Meine Frau war da und trank mit den Geschäftsführern und Pressesprechern, und wie sie so trinkend netzwerkte, verspürte sie allmählich ein Bedürfnis. Ihm nachzugeben, verließ sie das Fest und klackerte auf ihren Absätzen dem Ort entgegen, wo Menschen nach Rock und Hose sortiert werden. Doch zu ihrer Verblüffung stand vor dem WC eine kleine Schar nicht nur Hosen- sondern Anzugträger, die ihr mit klaren Handzeichen den Zutritt zum Damenklo verwehrten. Der befohlene »Moment!« dauerte einige Minuten, dann erschien die Bundeskanzlerin, zog sich ihre gewohnt schmucklose Kleidung stramm, grüßte freundlich und begab sich mit ihrer Leibwache wieder zurück zum Fest.

Es war dies meiner Frau und infolgedessen dann auch mir durchaus unbekannt, dass Bundeskanzler*_;Innen das Privileg gesicherter und ungestörter Entleerung genießen. Es musste also dem Gang eine Spezialkommando-ähnliche Durchsuchung der Kabinen vorausgegangen sein, wo Einzelkämpfer die Schwenktüren aufstießen und ihren Truppführern »Box eins! Check! Gesichert!« zuriefen, um der Hohen Person die größtmögliche Intimität zu gewährleisten.

War es denkbar, dass weniger wichtige Damen von der Brille gehoben, herausgetragen und auf Ersatzklos umgesiedelt wurden, weil es bei der Bundeskanzlerin, nun ja, sagen wir mal, etwas pressierte? Schließlich war ihr kaum zuzumuten, mit X-Beinen vor dem Restroom zu warten. Andererseits muss in jedem Fall ein gewisses Anschlagsrisiko berücksichtigt werden. Attentäter könnten sich in Frauenkleidern auf einer Nebenkabine einschließen, um sich im geeigneten Moment einer explosiven Hohlladung zu entledigen. Und niemand, wirklich niemand möchte nachher eine Presseerklärung zu diesem Ableben verfassen oder auch nur lesen.

Es gibt also gute und nachvollziehbare Gründe, dass das Oberhaupt der Regierung als einziger Mensch dieses Landes mutterseelenallein seine Geschäfte erledigen darf. Und darum stelle ich mich zur Wahl. Mir geht es nicht um Macht. Ich will einfach nur mit Sicherheit in Ruhe die Hosen runterlassen und mir eins pfeifen…

Stefan Schwarz
@schwarzseher

Ein einziger Buchstabe entscheidet, ob Menschen sich einigen oder einigeln.

Es ist Ute!

Ich bin ein Nasenmensch. Konkret, ein Nasenmensch ländlicher Herkunft. Ich näse weder den Rumpf noch rümpfe ich die Nase, wenn ein Gülletraktor übers Feld rieselt. Ungleich schwieriger wird es mit künstlichen Düften. Das Schicksal wollte es, dass meine Mannesreife mit der Markteinführung des »Action«-Deosprays vom VEB Florena Waldheim zusammenfiel. Um die Jugend des Landes in den Bann einer eigenen »Pflegeserie« zu schlagen, hatten die volkseigenen Duftkomponisten ein paar Geruchskomponenten zu etwas zusammengerührt, das wenigstens bei mir starke erotozide Wirkungen zeitigte. Eigentlich unbedingt anzusprechende Feinsliebchen verwandelten sich selbst bei Freiluftveranstaltungen dank »Action«-Spray in fleischgewordenen Hustenreiz. In dieser schweren Zeit galt ich als kurz angebunden, und wenn es dann doch zum Äußersten kam, als ungewöhnlich schnell fertig und in heller Atemnot.

Ich hatte dies, wie viele Plagen der Jugend, vergessen, als mir meine Frau anlässlich ihres kommenden Geburtstages einen Link schickte, um zu verhindern, dass ich ihr was Persönliches bastele. Der Link leitete mich freundlich auf die Artikelseite eines Parfümerieshops, die nur noch meine Kreditkartennummer wissen wollte.

Das Parfüm war so schlimm teuer, dass ich kein schlechtes Gewissen haben musste, dass mir nichts selbst eingefallen war. Doch schon als ich den Flakon aus dem Paket aus- und in Geschenkpapier umpackte, schwante mir Böses. Endgültige Gewissheit hatte ich, als meine Frau an ihrem Geburtstag damit im Bad verschwand und mir hernach erwartungsvoll ihr Dekolleté zum Beschnuppern hinhielt. »Das ist der Duft von Ute!«, sagte ich. »Ja«, sagte meine Frau, »den fand ich schon immer toll, aber sie hat mir erst neulich verraten, wie er heißt!«

Meine Frau hatte sich geruchsmäßig in die beste Freundin meiner Frau verwandelt. Das war keine Lappalie. Der Geruchssinn ist evolutionär älter als andere, und deswegen begann meine Wahrnehmung zu wackeln. »Sie sieht aus wie deine Frau«, sagte mein Auge, »sie spricht wie deine Frau«, sagte mein Ohr. »Sie fühlt sich sogar an wie deine Frau«, sagte meine Hand, und meine Zunge meinte, sie schmecke auch so, aber der Stubenälteste unter den Sinnen, der Geruchssinn, schüttelte den Kopf. »Sorry, Leute! Es ist Ute!«

Am schlimmsten war es nachts. Geruchsmäßig mit der Freundin der eigenen Frau im Bett zu liegen verwandelte das brave Ehebett in ein Sudellager von verruchtester Untreue, und ich war oft daran, mitten in der Nacht aufzuspringen und zu rufen: »Ute, ich bin verheiratet!«

Auch die morgendliche Verabschiedung wurde kühler, da ich das Duftdouble der besten Freundin meiner Frau nicht umarmen mochte. Beim Wäschewaschen legte ich Stücke beiseite, weil ich unbewusst, wenn auch wahnsinnigerweise davon ausgehen musste, Ute hätte ihre Feinwäsche bei uns vergessen. Es brauchte Monate voller Irritationen, bis ich einen Weg fand, meine Frau von diesem Parfüm zu heilen.

Es kostete mich wieder eine Stange Geld, und ich musste mich mit dem Mann einer Arbeitskollegin anfreunden, was total schwierig war, weil der Mann eigentlich keine Freunde hatte und zwar zu Recht. Ich trat sogar noch in seinen Modellbauzirkel ein. Alles nur, damit meine Frau eines Abends zu mir sagen konnte: »Du kennst doch die Sch…, diese blöde, intrigante F…, die mir damals diesen Riesenauftrag weggeschnappt hat? Und soll ich dir sagen, was die bei der letzten Besprechung trug?«

Ich rätselte so kunstvoll, wie ich nur konnte. »Mein Parfüm!«, rief meine Frau und trug es nie wieder.

Der Stromspar-Sauger

Es war die Zeit der nachweihnachtlichen Sparpreiseinkäufe, und die Verkäuferin erkannte einen eitlen Kunden auf einhundert Meter im Voraus. Sie zögerte also nicht, mich anzusprechen. Ich stand im Multimedia-Markt vor diesen fashionablen Wirbeldüsen-Staubsaugern, die angeblich den Verschmutzungsgrad auch noch des verworrensten Flokati-Teppichs bis auf die letzte Hausstaubmilbe genau erkennen. Natürlich im vom Preis gekrönten Design. »Das sind schon nette Geräte«, sagte sie, »aber leider eben nur Trockensauger!« Dieser noch nie von mir gehörte Begriff verwandelte die vor mir aufgebauten Hightech-Staubsauger plötzlich in armselige Schlürfröhren, die furztrocken und hilflos vor sich hin asthmatisierten.

»Was gibt es denn noch, außer Trockensaugern?«, rätselte ich die Verkäuferin an.

»Im Profisegment«, artikulierte diese nun gedehnt ein weiteres, funkelndes Eitelwort, »werden seit Langem nur noch Waschsauger verwendet!« Mehr hätte es eigentlich schon nicht gebraucht, um eine auf Besonderheit erpichte Persönlichkeit wie mich zum Kauf zu bewegen. Als die Verkäuferin erklärte: »Und außerdem sind Waschsauger viel energiesparender!«, hatte ich schon die Kreditkarte in der Hand.

Doch daheim beim Auspacken beschlich mich Beklemmung. Nicht nur, dass der Waschsauger aus dreißig Dutzend Einzelteilen, Düsen, Schläuchen und ineinandersteckbaren Filterkästen bestand, auch lag eine bibeldicke Betriebsanleitung bei. Ich mag Betriebsanleitungen nicht so ganz doll, da ich Wortbedeutungsneurotiker bin und schon im Kindergarten verzweifelte, weil ich nie wusste, ob man die Bauklötze beim Türmchenbauen »übereinander« oder »aufeinander« und dann auch noch »legt« oder doch besser »stellt«. (Als die Kindergärtnerin freundlich sprach, das sei doch egal, kriegte ich eine fast schon autistische Krise und schrie, dann brauche man überhaupt keine Wörter, wenn sie alle dasselbe bedeuten.)

Das Zusammenbauen ging dann auch nicht gerade zackzack, sondern eher so zackzackachkack ... neenochmalvonvorn, aber irgendwann nach Stunden stand die Apparatur. Waschsaugend schmeichelte ich über die Böden, und als meine Frau nach Hause kam, traute sie sich gar nicht einzutreten, so Neugeborenenbrutkasten-sauber war die Bude. Beeindruckt ließ sie sich von mir zeigen, wie man binnen nur einer halben Stunde Schläuche und Filter vom Vorwasch-Saug-Modus in den versiegelten Feuchttrocknungs-Parkettmodus umsteckt und danach mit etwas Geschick mit der umzurüstenden Textilschaumdüse sogar Vorhänge saugwaschen kann. Wir atmeten befreit durch die Räume, und meine Frau sagte schließlich den Satz, den sie eigentlich nach unserer ersten Nacht hätte sagen sollen: »Daran könnte ich mich gewöhnen!«

»Danach«, erläuterte ich, »muss man die Filter und die Filterbehälter im Waschbecken gründlich auswaschen und zum Trocknen ausgebreitet für ein paar Stunden auf die Küchenarbeitsfläche stellen.« Als eine Woche später die Entstaubung der Wohnung fällig wurde, zögerte ich jedoch. Nicht dass ich keine dreißig Minuten gehabt hätte, um den Waschsauger betriebsfähig zu machen. Aber würde ich damit diese herrliche, professionelle Sauberkeit nicht zu etwas ganz Normalem, Profanem verkommen lassen? Etwas, was man gar nicht mehr wertschätzt? Also nahm ich den alten, verstrubbelten Besen aus der Kammer und fegte die Küche lieber ganz großmütterlich, bevor ich sie mit Eimer und Lappen durchwischte, und verstand endlich, was die Verkäuferin mit »energiesparend« gemeint hatte.

Der Vater als Berater

Die Trollprinzessin ist verzweifelt. Sie hat ein Eins-Komma-kniet-alle-nieder-und-betet-mich-an-Abi, aber keine Ahnung, was sie werden soll.

In mehreren europäischen Sprachen flüssig (in den letzten Osterferien hat sie »aus Langeweile« Walisisch gelernt), spielt sie Klavier auf Konzertniveau, zeichnet wie Dürer, war Leistungskader im Turnen und voluntierte in Oberflächenphysik. Sie ist vor lauter Wahlmöglichkeiten so verzweifelt, dass sie schon Sympathien für den Stalinismus entwickelt. »Ihr hattet es gut damals in der Diktatur. Da musste man Lederwarentechnologe werden oder wurde erschossen«, resümiert die Trollprinzessin einigermaßen zutreffend ihren Geschichtsunterricht.

»Mach doch erst mal ein allgemeines Studium, so Global Humanity Studies oder Vergleichende Kultursoziologie. Dann bist du zwar immer noch verzweifelt, aber du kannst es a) besser ausdrücken und weißt b) endlich, dass die ›Gesellschaft‹ daran schuld ist und sich ›ändern‹ muss. Dann kannst du für eine bessere Gesellschaft kämpfen, in der kein Kind mehr verzweifelt über zu viele Möglichkeiten sein muss.«

»Das ist mir zu theoretisch«, wendet die Trollprinzessin ein, »ich will was Nützliches machen.«

»Um das Nützliche zu finden, darf man nicht seine Neigungen befragen. Dazu muss man einfach aus dem Fenster gucken!«

»Was soll da sein?«, fragt die Trollprinzessin und schaut aus dem Fenster, »da unten steht der Hausmeister und streicht den Zaun. Soll ich Hausmeisterin werden? Ist das deine Idee?«

»Nein, aber wenn wir sein Tun in eine Hochschulperspektive übersetzen, böte sich hier das Berufsbild des Korrosionsschutzbeauftragten an. Karriere im Korrosionsschutz ist eine der letzten großen Gewissheiten in unserer ungewissen Welt. Denn die Industrie rostet uns, salopp gesagt, unter dem Arsch weg, und man schätzt, dass der dadurch verursachte volkswirtschaftliche Schaden etwa drei Prozent des Bruttoinlandsproduktes entspricht. Das ist ein Krieg der Natur gegen die herrlichsten Schöpfungen der Menschheit, und der Korrosionsschutzbeauftragte ist der Kommandant in diesem Krieg. Und was für einer! Der Korrosionsschutzbeauftragte kommt morgens in sein Büro, sein Blutdruck ist derselbe wie der, als er noch schlief, niemand hat ihn nachts aus dem Bett geklingelt und durchs Telefon geschrien »Schnell! Kommen Sie! Hier korrodiert alles!«. Nein, Korrosion ist ein entsetzlicher, aber erfreulich gemächlicher Vorgang. Und deswegen trinkt er erstmal einen großen Pott Kaffee und beauftragt dann den Korrosionsschutzassistenten, ein paar Schichtdickenmessungen oder Keilschnittprüfungen zu unternehmen und ihm die Ergebnisse vorzulegen. Bewertungen und Maßnahmen erfolgen natürlich erst am nächsten Tag. Dann geht er wieder nach Hause, spielt Klavier, zeichnet oder turnt in seiner eigenen riesengroßen Turnhalle, denn Korrosionsschutzbeauftragte werden gut bezahlt und sind endlos kreditwürdig. Oder er verfeinert sein Walisisch, damit er bei der nächsten Europäischen Korrosionsschutz-Konferenz seinen Kollegen aus Cardiff entzücken kann.«

»Und warum bist du dann nicht Korrosionsschutzbeauftragter geworden?«

»Ich habe leider auf den Rat meines Vaters gehört«, sage ich, und die Trollprinzessin meint: »Dann werde ich das mal besser nicht tun!«

Stefan Schwarz
@schwarzseher

Ich nenne meine neue Mehlschwitze Katharina die Sauce.

Woher ich das habe … Noch ein Nachruf

Es gibt eine Geschichte von meiner Mutter, die sie mir gerne erzählte. Wie sie sich als Kind im Winter immer wünschte, morgens nicht aus dem warmen Bett zu müssen, um bibbernd in die drei Dörfer entfernte Schule zu gehen. Und wie eines Morgens ihr Vater sie samt Bettdecke aus dem Bett nahm und im Pferdeschlitten durch den frostklaren pommerschen Morgen an den Kopfweiden und den Weihern vorbei zur Schule fuhr. Das kleine Mädchen mit den blauen Augen und den strohblonden Zöpfen. Und es gab eine Geschichte, die sie ungern erzählte. Wie ihr Vater beim allerersten Sommerausflug an die Ostseeküste – Bauern machten ja keine Ferien – beim Versuch, ein Kind zu retten, das von der Landungsbrücke in die stürmische See gefallen war, einen Herzschlag bekam und ertrank. Und trotzdem erzählte sie sie immer wieder.

Denn was macht eine Geschichte? Sie schützt uns. Sie bannt die Mächte, die aus dem Irgendwo nach uns greifen und uns zerstören wollen. Wort für Wort drängt eine Geschichte das Unfassbare, das Unbegreifliche aus unserem

Leben heraus. Geschichten entgiften die Seele. Was ich erzählen kann, das kann mir nichts mehr tun.

Meine Mutter thronte wie eine kleine Königin auf ihrem Schatz von Geschichten, einem Berg eigenhändig erschlagener Drachen. Denn die Schrecken, vor denen sie sich bewahren musste, waren ja nicht nur Tod und Krieg in ihrer Kindheit, sondern auch die des Lebens einer Frau in der zweiten Hälfte des vorigen Jahrhunderts. Mal eben schnell zwei Kinder kriegen, oder drei, wenn man sich vertüttelt hatte und nicht zum Engelmacher wollte (Danke!), morgens Mehlsuppe mit Grießknödeln machen, aber noch nach was aussehen, Dauerwelle erneuern und Fußpflege. Und Beruf. Und dann will man ja auch noch eine Persönlichkeit sein und Ansichten und Meinungen haben und Geschmack und was heute alles ganz selbstverständlich dazugehört, aber damals, in den sechziger Jahren, ganz neu für ein Mädchen vom Lande war.

Als sie meine Mutter war, hatte sie immer noch diese blauen Augen, mit einem Blick, ein bisschen versonnen, fast abwesend, als würde das Leben vor ihr aufgeführt werden und nicht wirklich da sein. Sie saß am himmelblauen Klappküchentisch aus Sprelacart und schälte Kartoffeln, während ich ihr gegenüber auf dem Stuhl kniete und irgendwas zeichnete. Dann hielt sie inne, leckte sich über die Lippen und sagte unvermittelt: »Das ist schon eine verrückte Geschichte, wie deine Großmutter, als sie mit deinem Vater schwanger war, an einen Jugoslawen verkauft werden sollte.« Und ich fragte natürlich »Warum?«, damit sie sie erzählte. Von Neuem.

Meine Mutter hat meine Familie erfunden. Es gab sie vorher nicht. Dank ihrer Geschichten hatte sie einen Anfang und einen Weg durch die Zeit. Aber ich weiß natürlich auch, dass sie sich einmauerte mit ihren Geschichten. Diese, für meine Generation nicht mehr verstehbare, ja nicht mehr akzeptierbare Klammer aus geradezu altertümlichem Dienen und modernem Selber-Leben in der Ehe, aus Anspruch und Versagung war nur zu ertragen, wenn das alles einen Sinn hatte, den man erzählen konnte.

Als sie mir am Ende noch einmal mit ihren pommerschen Kartoffelschälhänden über den Kopf strich, um mich über ihr eigenes Sterben zu trösten, hatte sie keine Geschichte mehr zu erzählen. Sie fragte nur: »Wie waren die Straßenverhältnisse?«

Und jetzt sind diese Hände still, und der blaue Blick ist fort, und ich muss doch weiter. Meine Geschichten erzählen. Wort für Wort für ...

Zuletzt

Der Zufall wollte es, dass ich – kaum, dass ich meine Eltern begraben hatte – erneut Gelegenheit bekam, mich mit dem Tod zu beschäftigen. Die Blumen auf ihrem Grab waren noch nicht welk, als ich im Krankenhaus eine Krebsdiagnose samt anschließender Therapie bekam. So musste ich mir keine Gedanken machen, welche Abenteuer ich nun in diesem neuen Lebensabschnitt bestehen solle. Doch davon später mehr.

Glossar

Das Buch versammelt Kurzgeschichten des Autors, die zwischen 2017 und 2020 in den Zeitschriften DAS MAGAZIN, Brigitte Woman und Sépareé veröffentlicht wurden. Stefan Schwarz twittert unter dem Accountnamen @schwarzseher, einige seiner Tweets hat er hier verewigt.

Mehr davon?

Sie haben die Wahl: Die Kurzgeschichten-Reihe von Stefan Schwarz steht bereit und ist klüger und unterhaltsamer als etliche Regalmeter Ratgeberliteratur

Stefan Schwarz
„War das jetzt schon Sex?"
128 Seiten
9.90 Euro

Stefan Schwarz
„Die Kunst als Mann beachtet zu werden"
128 Seiten
9.90 Euro

Stefan Schwarz
„Ich kann nicht, wenn die Katze zuschaut"
144 Seiten
9.90 Euro

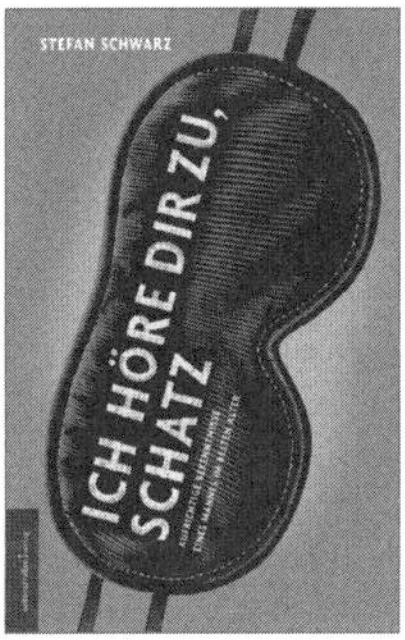

Stefan Schwarz
„Ich höre dir zu, Schatz"
144 Seiten
9.90 Euro

Stefan Schwarz
„Wir sollten uns auch mal scheiden lassen"
128 Seiten
9.90 Euro

Alle Titel gibt es auch als eBook für 7.99 Euro.

Und teilweise auch als Hörbuch.

Überall im Buchhandel – analog und digital

Stefan Schwarz
@schwarzseher

Feste Anschrei-Zeiten sind ein wichtiges Mittel zum Erhalt des Familienfriedens.

Wie lange ist eigentlich die Inkubationszeit in Kuba?

Im Handel erhältliche Fmeter werden auch als Handelfmeter bezeichnet.

Erwin Seitz

DAS GASTHAUS

EIN HEIMATORT

Insel Verlag

Insel-Bücherei Nr. 1497

INHALT

EINFÜHRUNG

VON DER GESCHICHTE IN DIE GEGENWART

ANHANG

DAS GASTHAUS

EINFÜHRUNG

Überwindung der Krise: das verjüngte Gasthaus

I

Man kann nicht sagen, dass das Gasthaus in aller Munde sei – außer vielleicht in Oberbayern. Für viele Zeitgenossen ist es eher etwas Gestriges. Doch wenn nicht alles täuscht, blüht es soeben wieder auf – nicht überall so, wie es einmal war, sondern oft in verjüngter Form. In einer Epoche des beschleunigten Wandels haben viele Menschen Sehnsucht nach dem Beständigen. Das Gasthaus entpuppt sich als ein romantisches Erbe mit eigenen Impulsen.

Ein Liebling der Moderne war lange Zeit das französische Bistro oder die italienische Café-Bar. Der Gast schneit herein, lehnt sich an den Tresen, bestellt einen Aperitif, Digestif, Espresso oder setzt sich an einen kleinen Tisch, isst ein paar Happen, geht bald wieder, voller Elan. Demgegenüber konnte das deutsche Gasthaus schon seit längerem nicht mehr beanspruchen, zeitgemäßen Lebensstil zu verkörpern, stammt es doch seiner ursprünglichen Prägung nach aus einer Epoche, als die Uhren noch anders gingen. Nicht der Tresen, sondern der Tisch, der langgezogene Tisch aus massivem Holz, ist die Seele des Gasthauses. Entscheidend ist nicht das Kommen und Gehen, sondern das Sitzen und Zusammensein. Der Gast bleibt hocken, oft über Stunden – mag draußen die Welt machen, was sie will.

Auf der Suche nach einer konstanteren Lebensform kommt das Gasthaus den Wünschen der Menschen heute wieder näher. Es vermittelt einen gemächlicheren Rhythmus, Ortsverbundenheit, Tradition. Es schließt den Einzelnen nicht aus, sondern bindet ihn ein in die Gemeinschaft. Speis und Trank sind für den Alltag bestimmt, ohne gleich den Geldbeutel zu ruinieren. Das Gasthaus eignet sich aber auch für den Festtag, für Hochzeits- und Geburtstagsfeiern, sofern entsprechende Räumlichkeiten vorhanden sind. Die Gasthausküche gibt sich bodenständig, kennt jedoch ebenso eine gewisse feinere Art.

Gemeinsam am Tisch sitzen, das Essen miteinander teilen: das schafft Bindung. Darin liegt ein Geheimnis des Gasthauses, dass es eine tiefere menschliche Sehnsucht anspricht: gutes Essen bekommen und nicht allein sein, einen Ort haben, wo man sich wie zu Hause fühlt, aber doch außerhalb der eigenen vier Wände ist, mit Publikum. Selbst jener Gast, der einzeln am Tisch sitzt, fühlt sich aufgehoben. Im Gasthaus klingt ein Gefühl von Heimat an, ohne von der übrigen Welt abgekapselt zu sein.

Es erscheint mir angemessen, sich dieser Tradition zu vergewissern und ihr eine Liebeserklärung zu machen. Ich bin selbst in einem ländlichen Gasthaus in Franken aufgewachsen. Das Wirtshausleben steckt vermutlich in mir. In jungen Jahren zog es mich eine Zeitlang nach München, wo ich die großstädtische Bräuhaus- und Biergarten-Tradition kennenlernte. Nun lebe ich schon seit langem als Journalist und Gastronomiekritiker in Berlin und nehme am Wandel der Kapitale teil. War sie vor 1989, zu Zeiten der Mauer, noch kulinarische Diaspora, so wird sie jetzt zur Food-Metropole, wo entschiedener als andernorts neue gastronomische Wege eingeschlagen werden.

Der Typus des Gasthauses spielt im zeitgenössischen Berlin eine nicht unwesentliche Rolle, selbst wenn das nicht immer auf den ersten Blick zu erkennen ist. Verblüfft stellte Christian Seiler 2019 in seinem Buch *Alles Gute. Die Welt als Speisekarte* fest:

»Du gehst auf die Suche nach der neuen Mitte von Berlin und landest in einem deutschen Wirtshaus.« In diesem Fall in den »Kurpfalz-Weinstuben« in Berlin-Charlottenburg. Urig, kein schlechter Tipp.

Schließlich hat die Wiederkehr des Gasthauses etwas mit weltweiten Bewegungen zu tun. Viele Menschen glauben nicht mehr an die Versprechungen der industriellen Moderne, daran, dass immer noch mehr Technik, Ökonomie, Deregulierung gesellschaftlichen Fortschritt bewirke. Man ahnt, dass dafür auch Lebenskunst, Besonnenheit, Maß, Genüge, kluge Schlichtheit vonnöten sind.

Es entfaltet sich bei nicht wenigen Zeitgenossen eine postindustrielle Gesinnung, in der immaterielle Werte, Bildung, Familie, nachbarschaftliche Lebensform, Gesundheit, Nachhaltigkeit und Gemeinwohl an Bedeutung gewinnen. Dahinter verbirgt sich nicht simple Antihaltung gegenüber Technik und Industrie, denn sie haben die Lebensmöglichkeiten des modernen Menschen erweitert, doch sie gelten nicht mehr als der Weisheit letzter Schluss.

Der Soziologe Andreas Reckwitz legt in seiner epochalen Studie über *Die Gesellschaft der Singularitäten* (2017) dar, dass viele Bürger die industrielle Rationalisierung und Standardisierung, Formen der Monotonie und Entsinnlichung satthaben und sich nach dem Singulären, Einzigartigen sehnen. Romantische Lebensformen, sprich Selbstentfaltung, Naturnähe, ältere Kulturpraktiken wie das Handwerk, rücken vom Rand der Gesellschaft in die Mitte. Die Welt der Industrie verliert sich dadurch noch nicht, gerät aber in den Hintergrund und wird zur Infrastruktur, um das Besondere herzustellen.

Gefragt sind Dinge und Orte, die etwas Unverwechselbares,

Echtes, Lebendiges an sich haben, Orte mit eigener Logik und Geschichte – Plätze, die nicht nur dem Konsum, sondern auch der menschlichen Begegnung dienen. Viele Menschen achten wieder mehr auf das Natürliche, auf das Lokale und Regionale, kurze Wege, Kreislaufwirtschaft, frische Zutaten, traditionelles Lebensmittelhandwerk, Slow Food: All das kommt dem Gasthaus entgegen.

Während die industriell-digitale Sphäre im Grunde einer nomadisch-flüchtigen Lebensweise zuspricht, indem sie der Beschleunigung, Leichtigkeit, Ungebundenheit, Abenteuerlichkeit huldigt, wird im Gegenzug eine ruhigere, sesshafte, ortsgebundene, beständige Lebensart beliebt – mit Sinn für das, was Wert hat und von Gewicht ist und sich dem Flüchtig-Vergänglichen widersetzt. Bodenständige Gastronomie, Materialität, Handwerk, Crafts-Movement, ökologische Landwirtschaft sowie die Rückkehr zu privater Gastlichkeit und zum Kochen am eigenen Herd, das Ernten im eigenen Garten wie das Einkaufen auf dem bäuerlichen Bio-Wochenmarkt werden regelrecht zum Kern einer Gegenkultur kommerzialisierter Moderne und küchenloser Gesellschaft.

II

Jede Weltgegend bringt eigene Entwicklungslinien hervor: eigene Sitten und Gewohnheiten, Einrichtungen und Erzeugnisse. So gab es seit dem hohen Mittelalter fast überall in Europa Gasthäuser, aber ausländische Besucher stellten rasch fest, dass das deutsche Gasthaus etwas Eigenes, Singuläres an sich hatte, eine bestimmte Art der Geselligkeit: das Gemütliche, nicht zuletzt geprägt von viel Holz, Dielenboden, Wandbänken, Vertäfelung,

Kachelofen. Als später andere gastronomische Varianten hinzukamen, Kaffeehaus, Restaurant, Hotel, blieb das Gasthaus vorläufig seiner Eigenart treu – bis es schließlich im Strudel der industriellen Moderne fast untergegangen wäre und zu guter Letzt doch Widerstand leistete. Nach wie vor vollziehen sich einander widersprechende Prozesse: Gasthaussterben und -neugeburt.

Die Krise des Gasthauses schwelt schon seit langem. Sie hat etwas mit verändertem Verhalten in der modernen Welt zu tun. Schon seit Beginn des 20. Jahrhunderts entstanden neben dem Gasthaus neue Vergnügungsmöglichkeiten: Sport und Sportverein, später Kino und Fernsehen oder heutigentags digital-virtuelle Unterhaltung.

Nicht unerheblich war, dass nach dem Zweiten Weltkrieg und der Schande des Nationalsozialismus die deutsche Tradition nicht mehr viel galt, weder bei den Deutschen selbst noch bei ausländischen Besuchern. Ich wuchs meinerseits in den sechziger, siebziger Jahren mit dem Bewusstsein auf, dass man von der älteren deutschen Gastronomie nicht viel erwarten darf – welch ein Irrtum!

Es schien, als passe die gemächliche Art des Gasthauses samt der gehaltvollen Kost nicht mehr zum agilen, motorisierten Zeitalter. Tatsächlich widersetzte sich das Gasthaus teils zu stur dem Diktat ständiger Veränderung, teils gab es, umgekehrt, zu eilfertig sein Selbstbild auf und streckte gegenüber den Lockmitteln der Industrie die Waffen, führte Convenience-Food ein und stopfte die Räume mit billigem Plüsch voll.

Wenn man jedoch genau hinschaut, dann verschwindet heute insbesondere die Schankwirtschaft. Der Zeitgenosse hat nicht mehr so viel Lust, mit anderen bloß bei Bier, Wein, Schnaps, Tabakrauch und Kartenspiel zusammenzusitzen – und wenn ausgiebig Alkohol getrunken wird, dann geschieht das eher auf einer privaten Party. Oder man geht nach dem Essen noch in eine schicke Bar. Die herkömmliche Trinkkneipe, sei es in der Stadt, sei es auf dem Land, hat in der Regel zu wenig Gäste, um dem Wirt ein hinreichendes Auskommen zu ermöglichen.

Heute leben wir nicht nur anders als früher, wir sind auch anspruchsvoller, kennerhafter geworden und suchen im Gasthaus eine stimmige Atmosphäre, Unterhaltung, gutes Essen. Denn Menschen, die gern essen gehen, werden nicht weniger, sondern mehr, nur sollte das Lokal eben etwas mit den neuen Werten einer veränderten Gesellschaft zu tun haben.

Im Trend liegen weder die Spelunke noch das Konventionelle, ebenso wenig das Gespreizte, Distinguierte, Sich-Abhebende, sondern menschliches Miteinander, Wertschätzung, gesunder Genuss – bloß kein Getue, keine Überformalisierung. Es soll im Lokal zwanglos-elegant zugehen; die Speisen sollen nicht verkünstelt erscheinen, sondern verstehbar sein, mit ursprünglichem Geschmack und reizvoller Frische.

Das Gasthaus ist bereit zur Reformierung. Wo es sich auf seine alten Tugenden besinnt und neben gepflegten Getränken für ansprechende Speisen sorgt, wo in der Küche wieder Handwerk betrieben und sorgfältig gekocht wird, wo in der Gaststube der Nippes, das Überdekorierte hinausfliegt und wieder Klarheit einkehrt: Dort lebt das Gasthaus, oft betrieben von Leuten, die etwas von der Welt gesehen haben und gut ausgebildet sind, wo es schlechthin Wirt und Wirtin gibt, Kellnerinnen und Kellner, die einen erheblichen Teil der Gäste kennen und ihnen das Gefühl geben, geborgen zu sein.

Heimatliebe schließt Weltoffenheit nicht aus. Menschen mit deutschem Pass haben heute vielerlei Wurzeln. Deutsches Selbstverständnis ist vielschichtiger, reicher geworden. Junge Leute freuen sich, wenn es neben dem traditionellen Gasthaus auch verwandte gastronomische Formen gibt wie die italienische Trattoria oder Pizzeria. Manche Gaststätten nehmen jetzt den elsässischen Flammkuchen ins Programm mit auf. In den Städten sind türkische Grillhäuser oder japanische Sushibars nicht mehr wegzudenken. Aber das gewachsene deutsche Gasthaus behauptet daneben wieder einen gleichberechtigen Platz.

Beinah in einer Art von Sammlerleidenschaft habe ich im Laufe der Jahre traditionelle Gasthäuser besucht, die einen besonderen Ruf genießen; andere entdeckte ich zufällig und lernte sie schätzen. Schließlich interessierte es mich, unter welchen Voraussetzungen sich das heimische Gasthaus entwickelt hat und wie seine charakteristischen Formen und Vorzüge entstanden – und wie es heute leibt und lebt und wie es weitergeht.

Selbstverständlich kursieren auch in der Kochkunst revolutionäre Ideen: Tabula rasa machen, restlos aufräumen mit der Tradition, nur noch das Neue, mutmaßlich Bessere wagen. Kultur hat aber etwas mit Erinnerung zu tun: mit der Rückschau auf die Herausbildung materieller und geistiger Güter im Land, mit dem Gefühl, dass es so etwas wie Kontinuität gibt. Es lohnt sich, das gastronomische Gedächtnis aufzufrischen.

Das Buch führt von der Geschichte in die Gegenwart und entfaltet eine Typologie des Gasthauses. Während die industrielle Moderne aus der Attitüde der Überlegenheit heraus das Gewachsene geringschätzte und sich geschichtsvergessen gab, erscheinen heute gastronomische Elemente der Vergangenheit wieder als willkommene Bereicherung.

Man gewinnt regelrecht den Eindruck, dass nach der Gründungsphase des deutschen Gasthauses in Gotik und Renaissance jetzt eine zweite Gründerzeit beginnt. Die Deutschen gehen gelassener mit ihrer Tradition um. Das Gasthaus gibt sich flexibel, nimmt gelegentlich Elemente des Cafés, Bistros, Restaurants oder der Pizzeria in sich auf, sieht das Fremde, Ungewohnte als willkommene Erweiterung an. Die Holzvertäfelung, der Kachelofen oder der blanke Holztisch beißen sich nicht länger mit poliertem Beton. Die Stuben erscheinen aufgeräumter, die Gerichte entschlackter und pflanzlicher. Und es müssen nicht unbedingt alkoholische Getränke sein. Bezirzend sind ebenso fermentierte Säfte aus Obst, Gemüse, Kräutern. Das Gasthaus wird zum Symbol zeitlichen Wandels: ein Lokaltypus aus vorindustrieller Periode für die nachindustrielle Gesellschaft, ein Signal veränderter Lebensführung. Es bleibt in der Tradition verwurzelt – und ist doch offen für Neues.

VON DER GESCHICHTE IN DIE GEGENWART

Frühe Muster: Gastereien der Kelten und Germanen

Es lohnt sich, das keltische Erbe nördlich der Alpen freizuschaufeln, weil es kulturelle Energie und Muster in sich birgt. Sie, die Kelten, nicht die Germanen, waren der frühe Prägestock nordalpiner Lebensart. Schon um 450 v. Chr. hatte der griechische Geschichtsschreiber Herodot in seinen *Historien* erklärt: »Die Donau kommt aus dem Lande der Kelten, von der Stadt Pyrene her und fließt mitten durch Europa.«

Pyrene könnte die Heuneburg gewesen sein, eine Burgstadt nahe dem heutigen Sigmaringen, nicht weit von den Quellen der Donau entfernt. Um 600 v. Chr. hatte man dort die hoch gelegene Hauptburg mit einer imposanten, weiß verputzten Lehmziegelmauer befestigt, daneben gab es eine Vorburg sowie Außensiedlungen, wo insgesamt wohl 5000 Menschen oder noch mehr lebten. Es handelte sich vermutlich um einen frühkeltischen Zentralort oder Fürstensitz. Um die Stadt herum fand man mehrere keltische Gräber mit prachtvollen Beigaben, darunter Goldreife, Bernsteinschmuck, bunte griechische Keramik.

Dass die keltischen Magnaten im großen Stil tafelten, belegt eindrucksvoll das Fürstengrab von Hochdorf aus der Zeit um 540 v. Chr., nordwestlich von Stuttgart. In diesem Grab stand ein riesiger Bronzekessel mit einem Fassungsvermögen von 400 Litern, nach botanischen Untersuchungen gefüllt mit Honigwein. Der Kessel stammte aus Süditalien, an der Öffnung geschmückt mit drei sitzenden Löwen. Einen davon, der verloren gegangen war, konnten die Kelten mühelos nachbilden. Daneben befanden sich Trinkhörner, teils mit Gold gefasst, sowie ein mehrteiliges Essservice aus Bronze. Der Fürst lag auf einem langgestreckten Kupfersofa, in das Szenen des Schwerttanzes gepunzt worden waren. Er war bekleidet mit feinem Tuch und trug einen goldenen Reif um den Hals. Es deutet alles darauf hin, dass er zu Lebzeiten eine große Zahl an Gästen bewirten konnte. Seine Herrschaft ruhte vermutlich nicht nur auf Unterdrückung, sondern auch auf den Freuden des Gastmahls, das die Gemeinschaft förderte.

Athenaios von Naukratis überlieferte in seinem *Gelehrtenmahl*, das um 200 n. Chr. entstand, auch Trink- und Essgewohnheiten der Kelten. Demnach fanden bei den Kelten große Gastereien im Freien unter schattigen Vorrichtungen statt, regelrecht Frühformen von Volks- oder Oktoberfesten. Ariamnes, der reichste aller Kelten, habe »einmal jährlich alle Kelten zum Mahl eingeladen. Dabei verfuhr er so: Längst den Hauptstraßen des Landes legte er Stationen fest, wo er Lauben aus Pfählen, Rohr und Flechtwerk aufschlagen ließ, die vierhundert und mehr Männer faßten, je nachdem wie viele aus den Städten und Dörfern zusammenströmende Gäste aufzunehmen waren. Dort ließ er gewaltige Kessel mit allerlei Fleisch aufstellen, die er schon im Jahr vor der Bewirtung von Schmieden hatte herstellen lassen, die er aus den anderen Städten geholt hatte. Als Opfertiere ließ er Stiere, Schweine, Schafe und sonstige Kleintiere täglich in großen Mengen schlachten.« Der mächtige Bronzekessel von Hochdorf fügt sich nahtlos in dieses Bild.

Die erwähnten Opfertiere deuten darauf hin, dass diese Gastereien in der Nähe von heiligen Hainen stattfanden. Kelten, Germanen und Slawen verehrten die Götter nicht in Tempeln,

Abb. 1: Landkarte der frühen keltischen Besiedlung. Dunkelgrau: keltisches Kerngebiet bis 500 v. Chr. Erst danach dehnte sich der keltische Siedlungsraum noch viel weiter aus, quasi als eine frühe Form von europäischer Gemeinschaft, und erstreckte sich um 275 v. Chr. von Spanien über Frankreich, Großbritannien, Irland, Belgien, Mittel- und Süddeutschland, die Schweiz, Norditalien, Österreich, Tschechien und einige Balkanstaaten bis hin zu Gebieten in der Türkei. Spätestens seit dem 1. Jahrhundert v. Chr. drangen dann von Norden her die Germanen in keltisches Gebiet ein und passten sich teilweise den Kelten an, während gleichzeitig von Süden her die Römer weite Teile des keltischen Raumes nördlich der Alpen eroberten.

sondern in freier Natur, wobei sich die Gottheiten in Bäumen, Felsen und Quellen verkörperten. Eine bedeutende himmlische Macht der Kelten, Taranis, erschien als hochgewachsene Eiche, ähnlich wie bei den Germanen Odin oder Wotan.

Wald, Bäume, Sträucher, Haine, Quellen, Gewässer wurden als Lebensspender religiös verehrt. Die Menschen hatten ein respektvolles, magisches Verhältnis zur Natur und zu ihren Lebensmitteln. Irische Kelten sollen einen Eichenbaum angebetet haben, der Eicheln, Haselnüsse und Äpfel zugleich trug. Im Grunde blieben die Kelten, Germanen und Slawen Waldvölker. Die landwirtschaftlich genutzten Flächen stellten mehr oder minder Inseln im Wald dar.

Der griechische Historiker Strabo gab in seiner *Geographica*, die er um 25 v. Chr. verfasste, auch einen Hinweis darauf, wie in keltischen Häusern der Speise- und Gastraum eingerichtet war. Während vornehme Griechen und Römer im Liegen aßen und tranken, saßen die Kelten auf Bänken, genauer gesagt: auf umlaufenden Wandbänken. Strabo ging auf die Lusitaner ein, die an der Grenze zwischen Portugal und Spanien lebten. Er war sich nicht sicher, ob es sich um Kelten oder um einen Stamm handelte, der stark von den Kelten beeinflusst wurde. Es hieß: »Sie genießen auch Gerstenbier; an Wein aber haben sie Mangel (…). Statt des Öls gebrauchen sie Butter. Sie speisen sitzend, indem sie an den Wänden hin angebrachte Bänke haben (…) und sie bedienen sich hölzerner Geschirre, wie auch die Kelten.«

Mitteleuropa leistete allemal keltische Pionierarbeit. Im baden-württembergischen Hochdorf hat man neben dem frühkeltischen Fürstengrab eine der ältesten Brauereien Europas gefunden, aus der Zeit um 500 v. Chr., wo man Bier aus Gerstenrauchmalz braute. Der Archäologe Hans-Peter Stika erklärt in einem Aufsatz: »Das dunkle, rauchige, aus Spelzgerste mit obergärigen Hefen vergorene Bier hatte einen säuerlich spritzigen Geschmack, der durch eine leichte Karamellnote angenehm gemildert wurde.«

Im ausgeglichenen Waldklima Mitteleuropas fühlten sich schließlich Schweine besonders wohl, ob Wild-, ob Hausschwein, das in die Hutewälder getrieben wurde, damit es sich an Eicheln und Bucheckern gütlich tat und Speck ansetzte. Das Schweinefleisch war besonders energiereich, saftig und aromatisch. Ebenso waren die fetten Haselnüsse bei den Kelten begehrt sowie die süß-säuerlichen Äpfel. Beides wurde seit langem schon in Hainen gehegt und gepflegt. So dürfte der Schweinsbraten vom Spieß, begleitet von Haselnuss-Apfel-Honig-Mus, Waldkräuter-Pesto, Brot, Butter, Rauchbier, Honigwein, bei den Festen der Kelten und Germanen nicht gefehlt haben. Die frühe Landwirtschaft steuerte neben Getreide auch Hülsenfrüchte wie Linsen und Erbsen bei. An feinen heimischen Ölen standen Haselnuss-, Lein- und Mohnöl zur Verfügung. Zum Nachtisch gab es im Sommer und im Herbst Waldbeeren.

Noch zarter zu beißen als der Braten waren Bratwürste, für die man das Schweinefleisch zerkleinerte und in Därme füllte. Archäologen fanden im keltischen Manching, das als Handelsstadt mit vermutlich 5000 bis 10 000 Einwohnern um 200 v. Chr. seinen Höhepunkt erlebte, Eisenroste, auf denen man rohe Würste grillen konnte.

Das keltische Manching, nahe Ingolstadt an der Donau, war umschlossen von einem sieben Kilometer langen Stadtwall. Möglicherweise gab es dort bereits Gasthäuser. Man entdeckte bei Grabungen in einem Gebäude im Zentrum der Stadt mehrere große Herdstellen in einem Raum, die gleichzeitig benutzt wurden – und an ein Wirtshaus denken lassen.

Vermutlich wurde in Manching auch ein Viehmarkt abgehalten, denn man stieß auf Unmengen an Tierknochen, insbesondere vom Schwein, gefolgt von Rinder-, Schafs- und Ziegenknochen; zudem waren schon einige Hühnerknochen dabei. Zum gewohnten frühbäuerlichen Getreidesortiment kamen neue Arten hinzu. Neben Einkorn, Emmer, Dinkel, Gerste und Hirse gab es nun Hafer, Roggen und Weizen. Gerade Hafer und Roggen vertrugen sich gut mit dem gemäßigt feuchten, mitteleuropäischen Klima.

An Wild erlegte man in Manching vorwiegend Rothirsch und Reh, in geringerem Umfang Wildschein und Hase. Sowieso galt die Wildschweinjagd als ehrenvoll, weil sie gefährlich war und Mut verlangte. Wildschwein-Eberhauer wurden in Manching als schmückende Amulette verwendet. Der moderne Zeitgenosse, der die Geschichten von Asterix und Obelix liest, ist mit der Wildschwein-Manie der Kelten ja bestens vertraut.

Das Land nördlich der Alpen war schließlich reich an Süßwasserfischen, darunter die edle Familie der Salmoniden, der lachsartigen Fische, wie Lachs, Huchen, Seesaibling, Seeforelle, Bachforelle, Bachäsche oder Felchen. Nicht minder edel war die Familie der barschartigen Fische, wie Flussbarsch und Zander. Speziell in Manching fing man Zander, Karpfen, Schleie, Waller oder die Quappe. Hinzu kamen viele kleine Weißfische und Flussmuscheln. Auch importierte man in Manching die römische Würzsoße »Garum«, eine Soße aus mediterranen Fischen, die in Salzlake fermentierten.

Die gastronomisch-kulinarischen Sitten der hiesigen Kelten fußten eben nicht nur auf nordalpinen Grundlagen. Die Funde verweisen vor allem auf jene Handelsroute, die über die Rhône nach Marseille führte, wo Waren aus Süditalien und Griechenland ankamen und dann den Weg nach Norden fanden, wie Hochglanzkeramik oder Amphoren, die mit Wein und Olivenöl gefüllt waren. In Manching stellte man Glas her und schuf Colliers mit bunten Glas- und Bernsteinkugeln. Die Gastereien der Vornehmen und Reichen waren von Glanz und Glamour geprägt.

Die Kelten waren jene, die etwas aufbauten, Kultur schufen, sich selbst ihr Glück bereiteten. Das Entscheidende, was ihnen zur Hochkultur noch fehlte, waren Lesen und Schreiben. Zudem errichteten sie so gut wie keine Steinbauten, die die Zeit überdauern und Erinnerung fördern konnten. Die Speicherung von Wissen war noch zu instabil.

Aus griechischer und römischer Sicht zeichneten sich die Kelten durch »Kraft, Körpergröße, Geradheit, Natürlichkeit« aus, ähnlich, so Strabo, wie die Germanen. Letztere verfügten jedoch nicht über dasselbe kulturelle Know-how wie die Kelten, pflegten weniger Handwerk und Handel. Immer wieder betonten griechische und römische Autoren, dass die Lebensweise der Germanen »einfach« sei, was sich auch in nord- und mitteldeutschen germanischen Grabfunden widerspiegelt. Aber die Gastereien der Germanen waren nicht minder legendär als die der Kelten. Was man dafür brauchte, konnte man sich durch Beutezüge beschaffen, etwa durch Überfälle auf keltische Handelsstädte. In Gräbern germanischer Fürsten lagen keltisches Bronzegeschirr und römische Silberbecher. Tacitus sagte in seiner *Germania* über die Germanen: »Der Geselligkeit und Gastlichkeit frönt kein anderes Volk ausgiebiger.«

An anderer Stelle fuhr er fort: »Wenn sie nicht in den Krieg ziehen, verbringen sie nicht viel Zeit mit der Jagd, mehr mit Nichtstun, dem Schlafen und Essen ergeben.« Nichtstun hieß im lateinischen Original »otium«. Das könnte man auch mit Muße übersetzen oder: Sie machten es sich gemütlich, blieben beim Essen und Trinken lange hocken. In der antiken Beurteilung der Kelten und Germanen lassen sich jedenfalls Spuren finden, die auf die spätere deutsche Gasthauskultur vorausweisen: Natürlichkeit, Einfachheit, Gemütlichkeit – bloß keine Überformalisierung, keine übermäßige Verfeinerung.

So reiste in der Frühen Neuzeit, im Jahr 1608, der englische Gentleman Thomas Coryate am Rhein entlang, von Basel über Frankfurt am Main nach Köln, und hielt in seinen *Crudities* fest: »Man sitzt lange bei Tisch, anderthalb, ja oft zwei Stunden. In meinem Gasthof in Basel, wohnte ich meinem ersten ehrenwerten deutschen Zechgelage bei, und ich konnte mit ansehen, wie die Deutschen in guter Kameradschaft einander zutrinken.«

Tacitus ließ viele Jahrhunderte zuvor die vielzitierte Bemerkung über die Germanen folgen: »Als Getränk dient ihnen ein Saft aus Gerste oder Weizen, der zu einem weinähnlichen Gebräu vergoren ist (…). Die Speisen sind einfach (!), wildwachsendes Obst, frisches Wild oder geronnene Milch: Ohne besondere Zubereitung, ohne Gewürze vertreiben sie den Hunger.« Ganz so simpel dürfte es nicht immer zugegangen sein. Geronnene Milch lässt an Bruch, Molke oder Quark denken. Vielleicht entstand aus Quark bei Festmahlen auch schon eine Frühform von Käsekuchen – bis heute ein Soul Food der Deutschen.

Plinius der Ältere, der eine Zeitlang als römischer Offizier am Rhein stationiert war, berichtet in seiner *Naturgeschichte* darüber, dass an den Ufern des Rheins Süßkirschen wachsen und in Germanien große Honigwaben zu finden seien. So mag man an ein anderes deutsches Lieblingsgericht denken: Quark mit Kirschen, Honig und Mohn. Bis heute sind am östlichen Rand des Rheingrabens die Kirschen in der Ortenau oder im Markgräflerland berühmt für ihre Güte, ebenso das Kirschwasser, Schwarzwälder Kirschtorte oder Kirschkäsekuchen.

Als die Römer um 15 v. Chr. weite Teile Süddeutschlands erobert hatten, führten sie neue Obstsorten wie Pfirsich, Aprikose und Quitte ein. Auch begann ein Rodungsschub, um weiteres Ackerland zu gewinnen. Nach archäologischen Erkenntnissen bevorzugten die nordalpinen Römer unter den Haustieren das Schwein und das Huhn, gern ergänzt von weiterem Hausgeflügel wie Gans, Ente, Taube sowie von Wildgeflügel wie Rebhuhn, Wachtel, Wacholderdrossel. Besonders beliebt waren der Feldhase und das genannte Wildgeflügel, delikate Tiere, die nun vermehrt vorkamen, weil die Gegend durch den Ausbau der Landwirtschaft offener wurde.

Schon die Kelten hatten damit angefangen, neben Bier auch Wein zu erzeugen. Desgleichen stellten die Römer nördlich der Alpen in Kastellen und auf Gutshöfen Bier und Wein her, je nach Möglichkeit. Mitteleuropa mauserte sich zu einer Region, wo wie kaum anderswo auf der Welt fortan beides produziert wurde.

An den Handelsstraßen zwischen den Provinzhauptstädten legten die Römer Rasthäuser an. Doch germanische Überfälle sowie die Völkerwandung seit 400 n. Chr. machten die römische Infrastruktur in Süd- und Westdeutschland weitgehend wieder zunichte. Lediglich Köln wurde nie zerstört. Teilweise zogen die Germanen weiter und breiteten sich über halb Europa aus. Angelsachsen ließen sich in England nieder, Langobarden in Norditalien, Burgunder in Ostfrankreich. Als schließlich hierzulande aus Kelten, Germanen, Romanen, Slawen langsam Franken und später Deutsche wurden, musste man vorläufig fast überall auf Rasthäuser oder gewerbliche Gastronomie verzichten.

Nur in den geschrumpften, ehemaligen römischen Städten an Rhein und Donau gab es Schänken, die jedoch als Bordelle oder Räuberhöhlen verschrien waren. Für die Oberschicht wäre es anrüchig gewesen, sich dort blicken zu lassen. Karl der Große erklärte 789 in einer *Allgemeinen Ermahnung*, dass pilgernde Mönche und Weltkleriker nicht in »Tavernen« einkehren sollten.

Langsam kam den Franken aber eine neue Institution zu Hilfe: das römisch-katholische Kloster, das sich dem Gebot mildtätiger Gastlichkeit verpflichtet fühlte. Die Klöster sorgten für respektable Gastronomie, so wie es die einflussreiche Klosterregel Benedikts von Nursia von etwa 530 für die Abtei Montecassino vorsah. Jeder Fremde konnte für den Ordensmann der auferstandene Jesus sein, den man nicht gleich erkennt. Er schrieb: »Alle Fremden, die kommen, sollen aufgenommen werden wie Christus; (...) Sobald ein Gast gemeldet wird, sollen ihm daher der Obere und die Brüder voll dienstbereiter Liebe entgegeneilen.«

Voll dienstbereiter Liebe: die Klosterherberge in der Periode der Franken

Gastlichkeit gehört zur Geschichte der Ideen und Bilder, die darüber entscheiden, wie wir zusammenleben und uns vergnügen, ja ob wir uns auf Erden heimisch fühlen oder nicht. Religionsstifter, Dichter und Denker schlugen von jeher eine Bresche für die Gastlichkeit als Friedenstechnik und Kulturform: als Kern des Humanen oder Schule des achtsamen Umgangs der Menschen miteinander.

Schon Homers *Odyssee* war um 700 v. Chr. voll von gastlichen Szenen. Später zählten im *Neuen Testament* das gemeinsame Brotbrechen und die Nächstenliebe zu den Kerngedanken. Neben Familie, Freundschaft und Geselligkeit ist Gastlichkeit ein wesentlicher Baustein, auf dem das »wir« der Sippen, Stämme, Reiche und Staaten gründet. Gastlichkeit ist eine Satzung wider die wilde Natur.

Der berühmte Klosterplan von St. Gallen aus der Zeit um 830, der im Kloster auf der Bodensee-Insel Reichenau für die benachbarte Abtei entworfen wurde, zeigt neben einem vornehmen Gästehaus, einem »domus hospitum«, auch eine einfache Herberge: ein »domus peregrinorum et paupervm«, ein Haus für Pilger, Arme und Bedürftige.

Der Klosterplan gibt aufschlussreiche Details wieder. Das vornehme Gästehaus stellt im Grunde eine Frühform der Fürstenherberge dar, nur eben unter klösterlicher Regie. Der zentrale Raum des Hauses ist der Speiseraum. In keltischer Tradition sind umlaufende Wandbänke eingezeichnet, davor stehen lange Tische. Jeder Gast kann sich beruhigt mit dem Rücken an die Wand lehnen und gemütlich in die Runde der anderen Gäste schauen. Eine geniale gastronomische Raumordnung: Niemand hat irgendwen hinter sich.

Küche, Bäckerei und Brauerei befinden sich in einem Nebengebäude, das nur diesem vornehmen Gästehaus zugeordnet ist. Es lässt sich erkennen, was die Planer für wichtig bei der Versorgung mit Speis und Trank erachteten: warmes Essen aus der Küche, frisch gebackenes Brot und gekühltes Bier – quasi das klassische Programm, das später vielerorts für das deutsche Gasthaus gültig sein sollte – einschließlich der umlaufenden Wandbänke.

Der Speisezettel für die Gäste der Herberge lässt sich auf dem St.-Galler-Klosterplan ablesen. Es gab Ställe für Hühner und Gänse, ebenso für Schweine, Ochsen, Kühe und Kälber, Schafe und Ziegen, ferner einen Kräuter- und Gemüsegarten, der ein bis dahin ungewohntes, umfangreiches Sortiment vorstellt: Zwiebel, Knoblauch, Lauch, Schalotten, Sellerie, Petersilie, Koriander, Kerbel, Dill, Kopfsalat, Mohn, Pfefferkraut, Rettich, Pastinaken, Kohl, Mangold, Schwarzkümmel. Stattlich war auch die Palette im Obstgarten: Apfel, Birne, Pflaume, Speierling, Mispel, Lorbeer, Kastanie, Feige, Quitte, Pfirsich, Haselnuss, Mandel, Maulbeerbaum und Walnuss. Pflanzen mediterranen Ursprungs nahmen zu und verfeinerten die Küche. Zumindest war das der Plan.

Fränkische Reichsabteien wie in St. Gallen, auf der Reichenau oder in Fulda waren verpflichtet, ihre Patronatsherren und Beschützer, Könige und Königinnen, in Gästehäusern zu bewirten, überdies bestand das königliche Gefolge oft aus mehreren hundert Leuten, die in Zelten vor dem Kloster kampierten und ebenfalls versorgt werden mussten. Ein königlicher Besuch war ökonomisch ruinös und sicherte doch Fortbestand und Ansehen des Klosters.

843 wurde das Fränkische Reich in das Westfränkisch-französische und das Ostfränkisch-deutsche Reich geteilt. Mit zunehmendem Pilgerverkehr sahen sich die Klöster da wie dort gezwungen, ein gewisses Entgelt für die Bewirtung der Pilger zu verlangen. Im hohen Mittelalter, nach der Jahrtausendwende, reagierten die Regenten schließlich auf die allmähliche Verstäd-

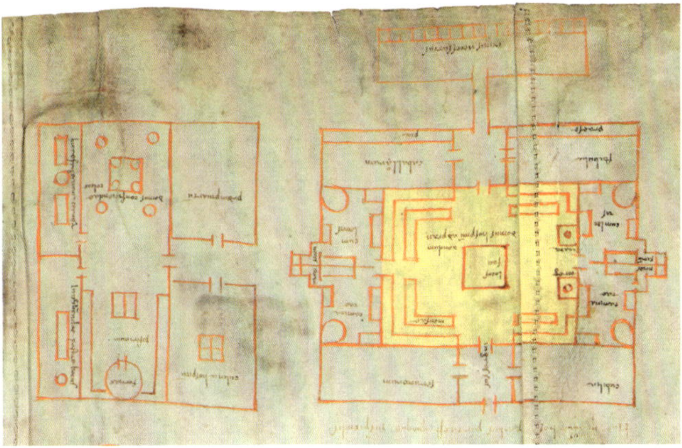

Abb. 2: Grundriss des vornehmen Gästehauses mit Nebengebäuden im Klosterplan von St. Gallen, um 830. Gelb: der zentrale Gastraum mit umlaufenden Wandbänken. In der Mitte befindet sich eine Feuerstelle, die den Raum wie die Seele der Gäste erwärmt. An den zwei Schmalseiten des Gastraumes schließen sich ein paar Kamin- und Schlafzimmer mit Abtritt an. Zudem gibt es Schlafsäle für die Diener der hohen Herrschaften.

terung und erhöhte Mobilität der Menschen. Die römisch-deutschen Könige und Kaiser, bald auch Adlige und Bürger gründeten Hospitale außerhalb der Klöster, an Fernwegen, sei es in Städten, sei es auf dem Land, und übergaben sie an Bruderschaften der Armenfürsorge oder an die neuen Ritterorden, etwa an den Johanniterorden oder an den Deutschen Orden, die während der Kreuzzüge als Ritter-, Priester- und Hospitalorden gegründet worden waren und in diesem Metier Erfahrung hatten.

So lag das Dorf Reichardsroth an dem Fern- und Pilgerweg – einem Jakobsweg – zwischen Würzburg und Rothenburg ob der Tauber. 1182 veranlasste Kaiser Friedrich Barbarossa, dass

ANGEL-
SACHSEN
Nordsee
Atlantischer Ozean
Arras
Aachen
BRETAGNE
Reims
Paris
Seine
Loire
Poitiers
Saône
BURGUND
Bordeaux
AQUITANIEN
Rhône
Arles
Spanische Mark
EMIRAT
VON CÓRDOBA
Mittelmeer
0
100
200 km

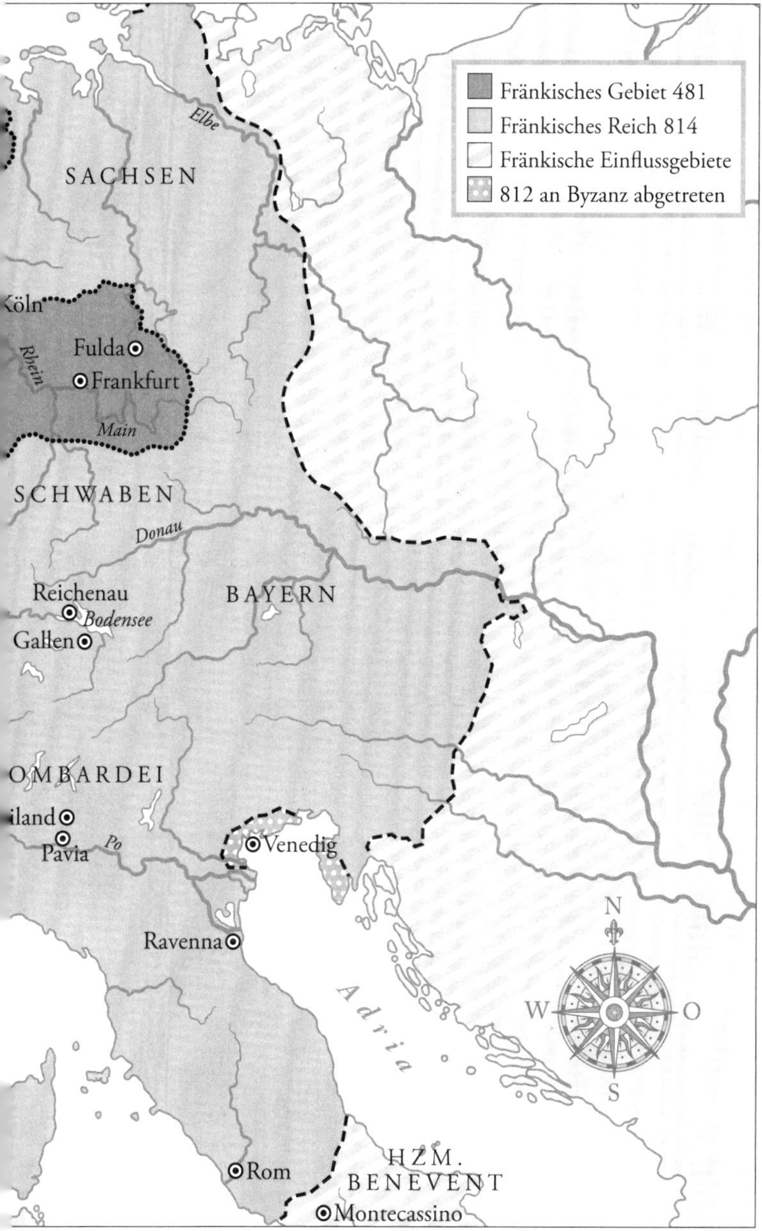

Fränkisches Gebiet 481
Fränkisches Reich 814
Fränkische Einflussgebiete
812 an Byzanz abgetreten
Elbe
SACHSEN
Köln
Fulda
Rhein
Frankfurt
Main
SCHWABEN
Donau
Reichenau
Bodensee
Gallen
BAYERN
OMBARDEI
iland
Pavia
Po
Venedig
Ravenna
Adria
N
W
O
S
HZM.
BENEVENT
Rom
Montecassino

dort durch Albert von Hohenlohe eine Kirche sowie ein »Hospital« gegründet wurden, »wegen der Fülle der Reisenden« und »zur Aufnahme der Fremden und Armen«, wie es hieß. Im Wesentlichen sollte das Hospital anfänglich also eine Herberge sein – nicht unbedingt ein Krankenhaus. Nach dem Tod des Kaisers wurde das Hospital in Reichardsroth dem Johanniterorden übergeben. Bis heute haben sich Teile der spätromanischen Ordenskirche sowie das Ordenshaus erhalten: als kompakter Steinbau, in dem vermutlich auch die Hospital-Herberge eingerichtet war. Noch im Jahr 1339 meinte der Nürnberger Patrizier Konrad Groß im Stiftungsbrief für das dortige Heilig-Geist-Spital, indem er von sich selbst in der dritten Person sprach: »Er hat ferner Bedacht, dass die Stadt Nürnberg an der großen Völkerstraße liegt, (…) weshalb auch die barmherzige Gastfreundschaft sehr großer Vermehrung bedarf.«

In Begriffen wie Hospital, Hospiz, Hotel steckt das lateinische Wort »hospes«, das den Gast meint, eigentlich den Fremden, der durch Gastlichkeit zum Freund wird. Auf dem Klosterplan von St. Gallen hatte man, wie gesehen, das vornehme Gästehaus »domus hospitum« genannt, wörtlich das »Haus der Gäste«. Tatsächlich verwandelte sich der lateinische Ausdruck »hospes« durch Lautverschiebungen in das deutsche Wort »gast«. In der mittelhochdeutschen Sprache meinte das »gasthûs« die Fremdenherberge.

Abb. 3: Ausdehnung des Fränkischen Reiches. Ursprünglich waren die Franken ein rechtsrheinischer germanischer Stamm, der dann seit dem 3. Jahrhundert, teils in Absprache mit den Römern, auf linksrheinischem Gebiet siedelte, dort die keltisch-gallisch-romanische Kultur kennenlernte und nach 400 auch wieder rechtsrheinisches Gebiet in Beschlag nahm.

Verweltlichung: gewerbliche Gastronomie um 1200

Bei wachsender Bevölkerung sowie steigendem Wohlstand verlor die mildtätige Gastlichkeit der Kirche und der Hospitale langsam an Bedeutung, während die gewerbliche Gastronomie zunahm und mehr Komfort und Freizügigkeit bot. Trinklieder in den *Carmina Burana*, der Liedersammlung aus Benediktbeuren, die um 1230 niedergeschrieben wurde, bezeugen diesen Wandel. Eines der Lieder (Nr. 197) begann: »Wenn das Auge auf das steinerne Haus / fällt, das am Marktplatz liegt, / und der Blick angelockt wird / vom rosigen Leuchten des Zechbruders, / dann rufen die Kameraden: Dies hier ist ein gemütliches Lokal! (...) Leckere Speisen zu essen, / mit dem Feinsten uns zu mästen / und es uns gutgehen zu lassen, das sei unser Ziel, / und außerdem: beherzt zu trinken.«

Das hier besungene Gasthaus befand sich bereits in guter Lage, am Marktplatz, und war von vornehmem Gepräge: aus Stein gebaut. Es ging wohl aus einem herrschaftlichen Hof hervor und versorgte die Gäste – vermutlich wohlhabende Handelsleute oder Scholaren und Pilger aus betuchtem Hause – nicht nur mit dem Notwendigen, sondern auch mit Genüssen, die die Sorgen vertrieben und Lebensfreude schenkten. Der satirische Ton des Liedes untergrub das christliche Gebot der Selbstlosigkeit und sprach dem Irdischen zu.

Könige und Fürsten hatten ein Interesse daran, dass es an Marktplätzen neben der Kirche eine Herberge gab als Service für die Pilger und Fernhändler. Im *Willehalm*-Epos Wolframs von Eschenbach, das zwischen 1210 und 1220 entstand, war immer wieder von »Herbergen« sowie »von des römischen Königs Straßen« die Rede. In diesen Herbergen lernte man eine neue Spezies kennen: »tavern ingesinde« und Leute, die »salsen suppierren«, sprich gemütliche Wirtshaushocker und Brühenschlürfer, Feinschmecker und Gourmands.

Die Obrigkeit vergab gastronomische Lizenzen und stellte Regelwerke für den Ausschank und die Übernachtung auf. Es sollte auch in der gewerblichen Gastronomie manierlich zugehen. Im Jahr 1256 bestimmte die herzoglich-bayerische Markt- und Gewerbeordnung für Landshut den Wein- wie den Bierausschank und verfügte, dass »fahrende Schüler mit langen Haaren« nicht länger als eine Nacht beherbergt werden durften.

Es war damals allerdings kaum vorstellbar, dass ein Kaiser oder eine hohe Standesperson in einer gewerblichen Herberge gegessen, getrunken und übernachtet hätte – außer in der Not. Im Reise-Rechnungsbuch von Bischof Wolfger von Passau aus der Zeit um 1200 finden sich für Reisen in seinem Bistum, das sich seinerzeit von Passau bis Wien erstreckte, keine Ausgaben für Herbergen. Er übernachtete in eigenen Pfalzen, in Klöstern, bei Ministerialen oder am herzoglichen Hof in Wien. Auch die römisch-deutschen Herrscher besaßen bis dahin in vielen Reichsregionen eigene Pfalzen oder kehrten in Reichsabteien oder bei Landesfürsten ein. Doch nach dem Auseinanderbrechen der staufischen Herrschaft zwischen 1250 und 1268 ging vielerorts der königliche Besitz verloren. Im ausgehenden Mittelalter nutzten Kaiser, Könige und Fürsten mehr und mehr gewerbliche Gastronomie und werteten diese auf.

Höfisches Vermächtnis: die »Goldene Krone« als Fürstenherberge

Als Höhepunkt höfischer Gastlichkeit im hohen Mittelalter galt das Mainzer Hoffest, zu dem Kaiser Friedrich Barbarossa im Jahr 1184 eingeladen hatte, von mehreren Dichtern und Chronisten erwähnt. Heinrich von Veldeke schrieb in seinem *Eneas*-Epos: »Ich habe niemals Kunde erhalten von einem Hoffest, das so groß war wie Eneas' Hochzeit, abgesehen von dem Fest in Mainz, das ich selbst gesehen habe. Das Fest war tatsächlich ungeheuer groß, als Kaiser Friedrich seinen beiden Söhnen das Schwert gab, wobei im Wert von vielen tausend Mark verzehrt und verschenkt wurde. (…) Ich habe wahrhaftig niemals von einer Schwertleite gehört, wo so viele Fürsten und Menschen aller Art versammelt waren.«

Ein höfisches Fest sollte etwas Magisch-Märchenhaftes haben, als sei man Gast am legendären Hof des keltischen Königs Artus. Der Gast sollte nichts vermissen und sich überwältigt fühlen von Gewimmel und Glanz. Dementsprechend zählten zu den Erztugenden eines vornehmen Gastgebers Freigebigkeit, Großzügigkeit, Hochherzigkeit, Gewandtheit.

Freigebigkeit war die Grundlage der obligaten »Hoffreude«, in der sich die Spannungen des Alltags für eine Weile aufhoben und das Wirgefühl stärkte. Der hohe Herr sollte redegewandt und unterhaltsam sein. Unterstützung erhielt er von seinen Hofleuten: vom Truchsess, der für den Service an der Tafel zuständig war, sowie vom Mundschenken, der für den Wein sorgte, und vom Kellerer, der den Keller beaufsichtigte, wo Wein und Bier lagerten. Vom Kellerer wurde schließlich der Begriff des Kellners abgeleitet; ohnehin steckte in diesem Wort auch der Ausdruck der Kelle, mit der der Kellerer die Getränke aus Eimern schöpfte.

Die Messlatte lag hoch für Gasthäuser und Herbergen, die im Laufe des späten Mittelalters fürstliche Gäste bewirteten – und das hieß: Kennerschaft des Schicklichen und Genussreichen an den Tag legen; Freude erzeugen durch eine gewisse großzügige Art. Auch der Wirt sollte gut reden können und sein Haus etwas Unterhaltsames vermitteln, ob baulich, ob gastronomisch-kulinarisch. Ebenso sollten Kellner und Kellnerinnen umgänglich und zuvorkommend sein. Im Idealfall verwandelte sich die Hoffreude in die Gasthausfreude.

Das unterhaltsame Gespräch des Wirts mit dem Gast wurde zu einem Kennzeichen guter Gastronomie. Es ging nicht länger um rohe Kraft, Ehrsucht und Hass, sondern um Höflichkeit, Heiterkeit, moderaten Genuss. Was sich unterwegs in angenehmen Gasthäusern abspielte, gehörte zu den besten Momenten im Leben.

In Deutschland wurde die gewerbliche Gastronomie Anfang des 15. Jahrhunderts auf eine Bewährungsprobe gestellt. 1414 rief man das Konstanzer Konzil ein, zu dem aus allen Teilen Europas geistliche Prälaten, Fürsten, Gelehrte und Doktoren in die Freie Reichsstadt am Bodensee strömten, damit das Schisma, die vorübergehende Spaltung der römisch-katholischen Kirche, überwunden und die Einheit wieder hergestellt werde.

Es wurde die europäische Willensbildung als Prozess erprobt: im Reden und Debattieren, in der friedvollen Suche nach der besten Lösung. Der damalige Chronist der Versammlung, der Konstanzer Stadtschreiber Ulrich Richental, war der Überzeugung, dass der Erfolg des Konzils viel mit der guten Gastlichkeit der Stadt Konstanz zu tun hatte.

Um die Stadt herum konnte man Ausflugslokale finden: »Inzwischen lief das Konzil in Ruhe und Frieden weiter, und die

Fremden fühlten sich so sicher, dass sie gerne zur Kurzweil in der Umgebung von Konstanz spazieren gingen (…). Dort waren Wirtshäuser im Wald, die allerlei Wein ausschenkten, welchen man immer haben wollte. Außerdem gab es dort gebratene Hühner, Fleisch, Würste, gebratene Fische und was man sonst begehrte, sowie hübsche Frauen. Die geistlichen Herren konnten jeden Garten und jedes Gut der Bürger betreten, ohne dass man es ihnen verwehrte.« Offensichtlich wurden jetzt die besseren Gasthäuser salonfähig, schicklich für Mann und Frau, Bürger, Patrizier, Prälaten, Fürsten.

Kaiser Sigismund, der eine Zeitlang zu den Teilnehmern des Konstanzer Konzils gehört hatte, hielt sich im Frühsommer 1434 rund vier Wochen in Ulm auf. Die vormalige königliche Pfalz in der Stadt stand dem Reichsoberhaupt aber nicht mehr zur Verfügung. Längst hatten Bürgermeister und Räte den königlichen Amtmann entmachtet, die Pfalz für sich in Beschlag genommen und hier ein städtisches Schwurhaus eingerichtet.

Sigismund logierte nun mutmaßlich in der »Krone« oder »Goldenen Krone«, einer Herberge, die zwischenzeitlich die Funktion der Pfalz als vornehmes Absteigequartier übernommen hatte, in unmittelbarer Nähe zum ehemaligen königlichen Hof. Felix Fabri, ein Ulmer Dominikanermönch, berichtete in seiner Stadtchronik, die er um 1488/89 verfasste, dass der Wirt der »Krone«, Peter Weiß, welcher Fürsten beherberge, von Kaiser Sigismund in den Ritterstand erhoben worden sei, indem er ihm den Titel »miles auratus« verlieh: »Ritter vom Guldenen Sporn«. Der Kaiser gab sich als Förderer eines Gastronomen zu erkennen – im Gegenzug dürfte der Kronenwirt den Herrscher freigebig und großzügig verwöhnt haben. Anders gewendet: Sigismund bezahlte seine Zeche vermutlich mit der Nobilitierung des Wirts.

Nach Fabri stand die Familie Weiß den Patriziergeschlechtern Ulms nahe, nur mit dem Unterschied, dass sie »zünftiger« Herkunft gewesen sei. Die Erhebung von Peter Weiß in den Ritterstand rückte ihn nun in die erste Reihe der Bürgerschaft. »Dieser Peter«, kommentierte Fabri, »war ein Mann von besonderem Glück, vernünftig, verständig, reich, beredt und ein ganzer Hofmann.« Die führenden Gastronomen gehörten jetzt offenbar zur städtischen Oberschicht und orientierten sich an der höfischen Kultur. Gute Gastronomie wurde zum Sprungbrett sozialen Aufstiegs.

Bis heute ist die »Krone« in Betrieb – mittlerweile nicht mehr Herberge, sondern Gaststätte mit schwäbischer Küche. Sommers kann sich der Gast im gepflegten Innenhof ein Bild von der eindrucksvollen altehrwürdigen Anlage machen. Der Hof wird größtenteils von Bauten aus dem 16. und frühen 17. Jahrhundert umzogen. Im Erdgeschoss waren einst die Stallungen für die Pferde untergebracht, darüber gab es offene Arkaden, die später zugemauert wurden.

Nachrichten über Fürstenherbergen nahmen zu. Anfang des 16. Jahrhunderts schrieb Johannes Butzbach, Prior der Abtei Maria Laach, ein autobiographisches Wanderbüchlein mit Jugenderinnerungen. Er schilderte die Einkehr des Reichsoberhauptes in einer Herberge in Miltenberg am Main: »Mit großem Triumph machte Kaiser Friedrich (III.) auf seiner Rückreise aus Niederdeutschland (1488) zusammen mit seinen Fürsten halt in meiner Vaterstadt (...). Dabei stieg er bei jenem Bürger ab, der mein Vater ist (...), einem (...) bei allen Fürsten und sogar beim Kaiser und allen Adligen, die jemals die Stadt Mil-

Abb. 4: Ehemalige Fürstenherberge »Zum Riesen« in Miltenberg am Main, erneuert 1590

tenberg besucht haben, namhaften und reichen Gastwirt.« Die besten Gasthäuser hatten jetzt offensichtlich überregionales Ansehen erlangt. Butzbach fuhr fort: »Nun, der Kaiser hielt also einige Tage lang Hof im Haus meines Vaters – denn dieses ist, wie du sicher weißt, sehr geräumig und als Herberge für viele Mächtige mit manchen Kammern gebaut worden.«

Miltenberg lag an der bedeutenden Reichs- und Fernhandelsstraße zwischen Frankfurt am Main und Nürnberg. Der Kaiser dürfte dort im Gasthaus »Zum Riesen« eingekehrt sein. Im Jahr 1411 war für dieses Haus erstmals ein Wirt bezeugt worden. 1590 baute man es um, so wie es heute noch zu sehen ist. Über einem hohen steinernen Sockelgeschoss, teils mit älteren Bauteilen, wo früher Platz für Fuhrwerke und Pferde war, erheben sich zwei prachtvolle Fachwerkgeschosse, bekrönt von einem steilen Schieferdach. Außen liest man an der Nordseite, ins Fachwerk angefügt: »Dieser bauw stehet in gottes handt / Zum Rißsen ist er genandt / Fürsten und herren ist er woll bekandt / Bürger und bauren Steht er zu der handt / Jakob Storz bürger zu Mildtenburck hat In / gemacht mitt seiner handt im Jar 1590.«

Die Spanne der Gäste reichte vom Fürsten bis zum Bauern – quasi ein demokratischer Ort. Selbst das gehobene Gasthaus blieb ein Bürgerhaus, das sich in Größe und Stattlichkeit nur leicht von anderen unterschied und allen offen stand. Heute befinden sich darin zwei selbständige Betriebe: im Erdgeschoss das »Gasthaus zum Riesen«, darüber das »Hotel zum Riesen«. Vormals waren die zwei Speisesäle der Fürstenherberge im ersten Fachwerkgeschoss, das heute zum Hotel gehört. Es sind mittlerweile museale Schauräume, die der Gast besichtigen kann. Das Haus atmet immer noch das Flair einer älteren Herberge, mit verwinkelten Fluren, knarrenden Dielen, älteren Möbeln und Zimmern ohne Fernseher.

Sogar in kleineren Orten gab es Fürstenherbergen. In meiner Vaterstadt, wenn ich so sagen darf, in Wolframs-Eschenbach in Mittelfranken, das in der Renaissance schlicht Eschenbach hieß und ein »Stätlein« genannt wurde, damals mit rund tausend Einwohnern, erwähnte man 1576 erstmals einen Fürstenwirt. Als er zwanzig Jahre später starb, schrieb man auf seinen Grabstein: »der ehrenfest und Hochachtbar Carl Betschler Fürstenwirth der Stadt Eschenbach«, und seine Frau, die noch im selben Jahr zu Grabe getragen wurde, nannte man »die ehrbar und tugendsame Apollonia sein liebe Hausfrau«.

Auch durch Eschenbach führte einst eine bedeutende Fernroute: jene von Straßburg nach Nürnberg. Die örtliche Fürstenherberge ging vermutlich aus einer Kommende des Deutschen Ordens hervor, die hier von 1236 bis 1306 bezeugt wurde. Kurz danach, 1340, erwähnte ein Urbar des Deutschen Ordens für Eschenbach ein »Schenckhaus« mit dem Hinweis: »ist unser« – mutmaßlich die ehemalige Hospital-Herberge des Ordenshauses, selbst wenn diese vorher nie erwähnt worden war.

Kaiser Friedrich III. machte schließlich 1487 auch in Eschenbach Rast. In der Spätrenaissance wurde die Fürstenherberge erneuert und mit einer eleganten Sgrafittofassade verkleidet, während in einem halbhohen Kellergeschoss ein gotischer Spitzbogen erhalten blieb. Am neuen seitlichen Schwunggiebel thronte nun oben ein Löwe mit aufgestelltem Schwanz, der das Wappen des deutschherrischen fränkischen Landkomturs Johann Konrad Schutzbar zur Schau stellte. Schon von außen sollte der Eindruck entstehen, dass es sich um ein besonderes Haus handelt. Das stattliche Gebäude hat sich gut erhalten, wird aber längst als privates Wohnhaus genutzt. Es ist immer noch ein Schmuckstück des Städtchens, neben Vogtei und Schloss.

Kennzeichnungen als Herberge oder Wirtshaus wurden lax gehandhabt. Eine *Häusergeschichte* Wolframs-Eschenbachs von Oskar Geidner belegt, dass der einstige Stadtherr, der Deutsche Orden, neben der Fürstenherberge zwei weitere »Wirtshäuser« mit dem Beherbergungsrecht ausgestattet hatte. Der Wirt der vornehmen Herberge trug stets den Titel »Fürstenwirt«. Jedoch nannte man sein Haus abwechselnd »Thaverey«, »Wirtschaft«, »Herberge«, »Fürstenherberge« oder »Kronenwirtshaus«. Maria Rupp, die seit 1723 das Haus als Witwe führte, hieß sowohl »Fürstenwirtin« als auch »Kronenwirtin«. Es dürfte die fürstliche Krone gewesen sein, die vermutlich außen an einem Ausleger hing, die die Herberge als Fürstenherberge oder erstes Haus am Platze markierte. Auch an anderen Orten, wie in Ulm, war das Kronenwirtshaus die Fürstenherberge.

Götz von Berlichingen verwendete in seiner Lebensbeschreibung, die um 1560 von ihm diktiert wurde, für Lokale, in denen er zechte und übernachtete, nach Belieben Begriffe wie »Herberge« oder »Wirtshaus«. Er stieß dort längst auch auf reisende Bischöfe im Rang von Reichsfürsten. Für die Herberge war die Übernachtungsmöglichkeit selbstverständlich. Im Mittelhochdeutschen hieß »herbërgen«: sein Nachtlager aufschlagen oder sein Nachtlager nehmen, ursprünglich gemeint als Unterkunft oder Bergung des Heeres. Die »herbërgie« war jedenfalls der Ort oder das Haus zum Übernachten. Doch auch das »gasthûs« konnte eine Fremdenherberge sein. Dagegen meinte die »wirtschaft« in der Regel die »schenke«, die Schankwirtschaft, wo man trank und aß, ob als Einheimischer, ob als Fremder. Doch selbst das Wirtshaus konnte über einige Schlafkammern verfügen. Schließlich wurde der deutsche Begriff der Herberge in andere Sprachen entlehnt: italienisch »albergo«, französisch »auberge«.

Aufblühen: das Gasthaus in Spätgotik und Renaissance

Gastronomie gehört zum wichtigsten Gewerbe im Land. Wo sie gedeiht, entfaltet sich eine menschenfreundliche Kultur. Sie bietet viel von dem, was das menschliche Leben angenehm macht: Erholung, Heiterkeit, Geselligkeit, Atmosphäre, Essen, Trinken. Nicht von ungefähr stehen Wirte, Köche und Kellnerinnen in einer Tradition, die etwas mit Religion, Philosophie, dienstbereiter Liebe, geschicktem Handwerk, Kunst, Höflichkeit, Gewandtheit, guter Laune zu tun hat. Gastronomie ist eine Aufgabe.

Eine Zeitlang bestanden hierzulande im hohen und späten Mittelalter ältere und jüngere Formen der Gastlichkeit nebeneinander fort: die mildtätige Gastlichkeit der Kirche; die höfische Gastlichkeit des Adels sowie die gewerbliche Gastronomie der Bürger. Seit Spätgotik und Renaissance verschoben sich jedoch die Gewichte. Eine entwickelte Geldwirtschaft sorgte dafür, dass die Gasthäuser aufblühten.

Selbst in Dörfern, die nicht an Fernwegen lagen, fand man seit dem späten Mittelalter schlichte Schänken in Bauernhäusern vor. Auch dort konnte man zur Not auf Strohsäcken in der Gaststube oder im Stall schlafen. Schließlich verlegten die Hospize den Schwerpunkt ihrer Fürsorge auf die Kranken- und Altenpflege und spielten im Herbergswesen kaum noch eine Rolle. Einige von ihnen führten allerdings nebenher den Schankbetrieb fort. Teilweise haben sich diese Spitale bis heute erhalten, wie das »Bürgerspital« in Würzburg, gestiftet 1317. Der Gast kann dort, in den »Bürgerspital-Weinstuben«, nach wie vor gut sitzen, essen und trinken, besonders angenehm winters in den Arkaden, sommers im gepflegten Innenhof mit prachtvollem, barockem Dekor.

Allgemein übernahm seit dem 15. Jahrhundert die gewerbliche Gastronomie die führende Rolle. Als der Dominikanermönch Felix Fabri 1483 von Ulm aus zu einer Pilgerreise nach Jerusalem aufbrach, ritt er über den Brennerpass nach Venedig und schiffte sich dort ein. Sein Reisebericht belegt, dass er auf der Strecke von Ulm nach Venedig fast nur noch in Gasthäusern übernachtete.

1517 war der italienische Kardinal Luigi d'Aragona mit seinem Sekretär Antonio de Beatis nördlich der Alpen unterwegs. Beatis hielt seine Eindrücke in einem Tagebuch fest und zeigte sich beeindruckt vom gut ausgebauten Verkehrsnetz sowie von der Gastronomie. Im Anschluss an die Reise von Augsburg nach Köln resümierte er: »Überall findet man bequeme Unterkunft, (...) so hat man doch in allen Gasthäusern zwei Sorten Wein, weißen und roten, gut und wohlschmeckend, manchmal mit Salbei, Flieder und Rosmarin gewürzt. Das Bier ist in Deutschland wie in Flandern allgemein gut. Es gibt schmackhaftes Kalbfleisch, viele Hühner und treffliches Brot.« Beatis bemerkte ebenso, dass man in den guten Gasthäusern, wohl den Kronenwirthäusern, Wert auf Süßwasserfische legte; man hielt sie lebend in Holzkästen mit Wasserdurchlauf und schlachtete sie nach Bedarf.

1575 trafen in Augsburg Herzog Heinrich XI. von Liegnitz und sein Hofmarschall Hans von Schweinichen ein. Dieser bestätigte in seinen Erinnerungen die Eindrücke von Beatis. »Hier sind I. F. Gn. (Herzog Heinrich) beim Gastwirt Jürge Lindemann am Weinmarkt in Quartier gegangen und haben drei Wochen und vier Tage daselbst still gelegen. (…) Mein Lebtag habe ich nicht so viel Geflügel und feine Fische zu essen bekommen. Aber auch an trefflichen Weinen, wie Muskateller und Rheinwein, war da die Hülle und Fülle. (…) Augsburg ist ja so recht ein Ort zum Amüsieren.« Die Stadt war zur Blütezeit der Fugger, als die Kaiser hier viele Hoftage einberiefen, zum gastronomisch führenden Platz in Deutschland geworden.

Vorläufig, bis zum Ausbruch des Dreißigjährigen Krieges 1618, rissen die Lobeshymnen über das deutsche Gasthaus nicht ab, zumal über jene im Süden und im Westen, entlang der Freien Reichsstädte: von Augsburg über Nürnberg und Frankfurt am Main bis Köln. 1580 reiste der französische Philosoph Michel de Montaigne durch Süddeutschland. Als er sich in Lindau am Bodensee im Gasthaus »Zur Krone«, einer Fürstenherberge, einquartierte, hielt er fest: »Denn was die Aufwartung bei Tisch betrifft, machen sie (die Deutschen) solchen Aufwand an Lebensmitteln und bringen in die Gerichte eine solche Abwechslung an Suppen, Saucen und Salaten, und das alles ist in den guten Gasthäusern mit solchem Wohlgeschmack zubereitet, dass kaum die Küche des französischen Adels damit verglichen werden kann.«

Behagliche Stube: umlaufende Wandbänke, Vertäfelung, Kachelofen

Schon Beatis war aufgefallen, dass es in deutschen Gaststuben stets Öfen gab: in der Regel Kachelöfen, manchmal auch Eisenöfen, während der offene Kamin nur in der Küche gebräuchlich war. Im Gegensatz zu Italien oder Frankreich gab es in Deutschland strengere Winter. Der Kachelofen, der hier im späten Mittelalter in Mode kam, heizte nachhaltiger als der offene Kamin und sorgte für heimelige Wärme in der Stube.

Auch Montaigne hatten es die Kachelöfen angetan. Schon als er die nördliche Schweiz erreichte, hieß es im Tagebuch: »Und es gibt nichts Reizenderes als die Öfen, die aus Ton gebrannt sind.« Anschließend reiste er durch Schwaben, Bayern und Tirol. Als er nach Süden weiterzog, trug sein Sekretär in Rovereto, nahe dem Gardasee, in das Reisebuch ein: »Die Stadt gehört dem Erzherzog (von Österreich). Hier fanden wir im Gasthaus alles wie wir es bis jetzt gewohnt gewesen waren, nicht nur die deutsche Sauberkeit der Zimmer und Möbel, sondern auch ihre Fenster und Öfen, an denen Herr von Montaigne weit mehr Gefallen als an den Kaminen gefunden hatte.«

Das deutsche Bürgerhaus war in der Regel ein Fachwerkhaus, in dem es als Besonderheit die Bohlenstube gab: einen warmen Wohnraum, ganz aus Holz, aus Bohlenbalken gezimmert, beheizt vom Kachelofen. Mancherorts wurde dieser Wohnraum zur Gaststube. Abgesehen von der Küche, wo ein offener Kamin vorhanden war, wurden die anderen Räume vorläufig nicht beheizt. Die Schlafzimmer waren im Winter kalt, doch gab es hier dicke Federbetten, die gut wärmten. Auch diese Federbetten waren für Beatis und Montaigne ungewohnt. Beatis schrieb 1517:

»Auch gibt es in den Schlafgemächern keine Öfen oder Kamine zur Erwärmung, so daß der Übergang aus den warmen Zimmern in die ganz kalten Räume, in denen man sich auskleiden soll, ein großes Mißverhältnis darstellt; da man aber in den dicken Federbetten rasch warm wird, so kümmert man sich weiter nicht darum.«

Im Laufe des 16. Jahrhunderts sorgte man allerdings in den Bürger- und Gasthäusern für mehr Komfort. Neben der Bohlenstube vertäfelte man weitere Räume des Hauses und stattete sie mit Öfen aus. In neueren Gebäuden verlor sich schließlich die Bohlenstube, weil man sie als zu warm und dunkel empfand. Man ging dazu über, mehrere Räume des Hauses halbhoch mit dunklen Holztafeln zu schmücken und die Wände darüber weiß zu kalken. Zugleich sorgte man für größere Fenster mit Butzenscheiben. Obwohl mittlerweile die Fachwerk- oder Steinwände genügend Wärmeschutz boten, wurden sie mannshoch vertäfelt, weil es gemütlich wirkte und die Deutschen Holz mochten. 1580 konnte Montaigne schreiben: »Auf unserer ganzen Reise durch Deutschland haben wir kein Schlafzimmer und keinen Speisesaal gesehen, die nicht getäfelt gewesen wären.«

Der Grandseigneur, der eine Zeitlang Gesandter der Stadt Bordeaux am königlichen Hof in Paris gewesen war, war nicht auf Prunk und Luxus aus, sondern auf gediegenen Komfort. In seinem philosophischen Hauptwerk, den *Essais*, die kurz vor seiner Reise nach Deutschland und Italien erschienen waren, hatte er erklärt: »Nichts ist so lästig, so ekel wie die Überfülle.« Er mochte die Atmosphäre des behaglichen nordalpinen Gasthauses und befasste sich damit in seinem Reisebuch: »Zu Möbeln und Getäfel wird nur Tannenholz verwendet, die gewöhnlichste Holzart in ihren Wäldern; jedoch wird es sorgfältig

Abb. 5: Gaststube »Schwane 1404« im Hotel »Zur Schwane« in Volkach am Main. Die Zahl 1404 bezieht sich auf die Ersterwähnung des Gasthauses. Im Wesentlichen handelt es sich um eine Renaissance-Stube aus dem 16. Jahrhundert.

gefärbt, gebeizt und gereinigt.« Schließlich achtete er auch auf die Böden: »Die Fußböden werden mit Holzwichse, die gekocht sein muss, gebohnt.«

Die holzgeprägte Stube mit Dielen, umlaufenden Wandbänken und Kissen, die den Gästen, so Montaigne, untergeschoben wurden, ferner die blanken Holztische, die man gelegentlich weiß eindeckte, samt Servietten, schließlich die Vertäfelungen und der Kachelofen: All das verwob sich im Laufe der Zeit zum Urbild der deutschen Gaststube.

Diese Eindrücke gingen Montaigne nicht mehr aus dem Kopf. Als er bereits in Padua war, schrieb er: »Die Gasthäuser lassen sich in keiner Beziehung mit den deutschen vergleichen.

Allerdings sind sie ein Drittel billiger und nähern sich stark den französischen Zuständen an.« Für Montaigne war die deutsche Gastronomie in den Jahrzehnten vor dem Dreißigjährigen Krieg mehr oder minder führend in Europa.

Bis heute haben sich einige Gaststuben aus Spätgotik und Renaissance einigermaßen unverfälscht erhalten: so die holzgeprägte Wirtsstube des Hotels »Zur Schwane« in Volkach am Main, erstmals erwähnt 1404. Der Gast betritt im erhöhten Erdgeschoss einen Raum mit Holzboden, umlaufenden Wandbänken, mannshoher dunkler Vertäfelung und hellen blanken Holztischen. Man sitzt unter einer Kassettendecke aus dem 16. Jahrhundert, schaut durch bleiverglaste Fenster oder bemerkt den Kachelofen: der Form nach zwischen klassizistischem Zopfstil und Biedermeier. Der Gast genießt den alten Charme der Dinge.

Frappierend, wie sehr diese Gaststube jener Stube gleicht, die Albrecht Dürer 1514 in seinem Stich *Hieronymus im Gehäus* veranschaulichte: mit Dielenboden, Wand- und Stuhlbank, Kissen, blankem Holztisch, getäfelter Wand, gereihten Fenstern mit Butzenscheiben sowie Bohlenbalkendecke. Hinzu kommt der Löwe, dem Hieronymus einst den Dorn aus der Tatze zog und der nun als zahmes Haustier vor ihm liegt, friedvoll neben einem Hund. Doch eigentlich geht es nicht um Einzelheiten. Dürer löst sie auf in Stimmung und Atmosphäre, ganz so, als denke er hauptsächlich an den guten Geist eines häuslich gepflegten Raums.

Der Künstler musste nicht viel erfinden, denn seine eigene zweiteilige Wohnstube sah ähnlich aus und hat sich ebenfalls im Großen und Ganzen im Nürnberger Dürer-Haus am Tiergärtnertorplatz erhalten: im ersten Stock an der nordöstlichen Ecke

Abb. 6: Häuslich gepflegter Raum: »Hieronymus im Gehäus« von Albrecht Dürrer, 1514

des Hauses, dort, wo die spätmittelalterlichen Fachwerkwände schon um 1503 durch Sandsteinwände ersetzt worden waren. Es zeigen sich bis heute teils originale, tief eingeschnittene Fenster mit Butzenscheiben und flachen Bögen. Die Ausstattung der Wohnstuben wurde im 19. Jahrhundert erneuert, nicht zuletzt auf der Grundlage des Stichs *Hieronymus im Gehäus*.

Nur ein paar Gehminuten vom Dürer-Haus entfernt, am Weinmarkt, steht man vor einem schmalen Bürgerhaus aus der Spätrenaissance mit viergeschossiger Sandsteinfassade. Seit 1650 wird das Gebäude in den Archiven der Stadt Nürnberg als Gasthaus erwähnt, heute »Essigbrätlein« genannt. Der schmale langgestreckte Gastraum im Erdgeschoss zeigt an der Decke einen mächtigen hölzernen Unterzug aus der Entstehungszeit des Hauses von 1610. Wenn der Gast zum Weinmarkt hinausschaut, sieht er zugleich innen die nackte Sandsteinwand mit tief eingeschnittenen Fenstern, Butzenscheiben und flachen Bögen.

Die Einrichtung wurde im Laufe der Jahrhunderte erneuert, blieb aber bis heute dem altdeutsch-dürerzeitlichen Stil treu: mit Holzboden, umlaufenden Wandbänken, mannshoher dunkler Vertäfelung, davor weiß gedeckte Tische. Die letzte Renovierung fand 2018 statt, in der Form noch einfacher, geradliniger als zuvor, zugleich wurden ein paar gemattete Spiegel in die Vertäfelung eingearbeitet, die man anfangs kaum bemerkt, die aber den schmalen Raum etwas weiter wirken lassen und für eine gewisse Finesse sorgen. Dem Stil nach mischen sich echte Spätrenaissance, dürerzeitliches Wohnen und moderne Sachlichkeit.

Von der Ausstattung her ein klassisches deutsches Gasthaus, von der Küche her ein ungemein feines Restaurant, eines der besten in deutschen Landen. Selbstverständlich kann man sich fragen, wie das zusammenpasst: gediegene Einfachheit der Einrichtung und Raffinesse der Küche. Die Wahrheit ist, dass beides aufeinander zuwuchs. Noch vor zwanzig Jahren, zur Jahrtausendwende, gab sich die Küche im »Essigbrätlein« hyperkreativ und stellte exotische Gewürze in den Vordergrund. Das hat sich geändert. Längst entdeckt Patron und Küchenchef Andree Köthe gemeinsam mit seinem stellvertretenden Küchenchef Yves Ollech das Außergewöhnliche in der heimischen Flora und Fauna, nicht zuletzt im Gemüse aus dem Nürnberger Knoblauchland, das Köthe selbst täglich frühmorgens erntet. Die Gerichte bestehen in der Regel aus wenigen Hauptzutaten, strahlen auf dem Teller Klarheit und Ruhe aus und vermitteln am Gaumen reintönigen Geschmack und feinwürzige Tiefe, ebenso wie die Gaststube das Gefühl von tiefer Zeitlichkeit und Geborgenheit anklingen lässt – zauberhaft.

Von handwerklicher Güte: Rauchbier, Bratwurst, Sauerkraut

Das bürgerliche Selbstvertrauen war zu Zeiten von Spätgotik und Renaissance höher als in der nachfolgenden Periode des Barock, als der aufkommende fürstliche Absolutismus die Bürger wieder stärker einschüchterte, wenn nicht entmachtete. Zuvor, bis etwa 1550 oder 1618, hatten die Bürger vielerorts, zumal in den Freien Reichs- und Hansestädten, das Zepter selbst in die Hand genommen, gerade auch auf gastronomisch-kulinarischem Gebiet.

Der Sinn für handwerkliche Qualität war in den deutschen Städten stark ausgeprägt. Bürgermeister und Räte achteten auf Güte. So hieß es etwa 1489 in einer Metzgerordnung der Freien

Reichsstadt Heilbronn: »Item die bratwurst (!) soll man allein von schwynem flaisch machen.« Das durchwachsene Schweinefleisch sorgte dafür, dass die Bratwurst sowohl saftig als auch aromatisch war, verfeinert vom Rösten auf dem Grill oder in der Pfanne.

Die Vorliebe für die Bratwurst dürfte damals schon uralt gewesen sein. Doch früher, zu Zeiten der Kelten und der Franken, als man bereits die Eisenroste kannte und die Narretei um das Schwein gang und gäbe war, hatte es die Bratwurst mutmaßlich nur im Winter, zur traditionellen Schlachtzeit der Schweine, gegeben. Seit dem späten Mittelalter boten aber nun städtische Metzgereien fast täglich frische Würste an, so wie die Bäckereien fast jeden Tag frisches Brot, Semmeln und Brezen buken. Die Gasthauskultur blühte gemeinsam mit dem städtischen Lebensmittelhandwerk auf sowie mit dem Können der Zimmerer und Tischler.

Bier, Bratwurst und Sauerkraut wurden zu Klassikern des bürgerlichen und bäuerlichen Tisches. Ursprünglich fehlte das Sauerkraut als Drittes im Bunde. Es wurde hierzulande erst im hohen Mittelalter bekannt. Der Weißkohl stammte vermutlich aus dem Mittelmeergebiet, und die Methode des Einsäuerns wanderte wahrscheinlich von China aus über Osteuropa in die deutschen Lande. Vorläufig gab es kein deutsches Wort für diese Speise. Man behalf sich mit mittelalterlichem Latein und sprach von »kumpost« oder »kumpost-krût«, abgeleitet von »Compositum« für Zusammengesetztes, Eingemachtes. Um 1250 erwähnte der Poet Stricker in einem Gedicht das Sauerkraut und den Weißkohl: »kumpost ode kabûz«. In einer Preissatzung für die Stadt Graz von 1460 war dann aber schon von »sawrkrawt« die Rede.

Einer der bedeutendsten Köche der deutschen Geschichte, Marx Rumpolt, der Leibkoch des Kurfürsten und Erzbischofs von Mainz, empfahl 1581 in seinem umfangreichen *New Kochbuch* für die Festtagstafel der Bauern: »Ein saur Kraut gekocht / und mit geräuchertem Speck unnd Bratwürsten umlegt.« Das fruchtig säuerliche Kraut wurde zum idealen Partner für die herzhaft saftigen Würste. Das Duo stieg zum nationalen Mythos auf.

Die Königsklasse der Bratwurst bleibt für mich die urtümliche grobe Bratwurst aus purem, durchwachsenem Bio-Schweinefleisch, schlicht durch den Wolf gedreht, lediglich gewürzt mit Salz, Pfeffer, Majoran, vielleicht auch mal mit anderen Kräutern sowie Kümmel und Fenchelsamen, gefüllt in einen dünnen Schweinedarm und roh, nicht vorgebrüht, auf dem Rost über Buchenholzglut gegart oder in der Pfanne gebraten, dazu am liebsten Rauchbier.

Letzteres wird bis heute in Bamberg gebraut, von den zwei famosen Brauereigasthöfen »Schlenkerla« und »Spezial«, mit je eigener traditioneller Rauchmalzproduktion. Es gibt auch ein Rauchlagerbier, das aber nicht über die gleiche Vollmundigkeit wie das Rauchmärzen verfügt. Dieses bezirzt mit runden Karamell-, Röst- und Raucharomen, quasi urdeutsch oder urkeltisch, mit Anklängen von Buchenholzqualm, Köhler- und Waldromantik.

Eine Caprice unter den Bratwürsten ist die Nürnberger Rostbratwurst, ein Winzling, nur sieben bis neun Zentimeter lang und in einen engen Schafsdarm gefüllt, in dieser Form seit etwa 1600 bekannt, als Nürnberg seinen Höhepunkt als Freie Reichsstadt und Handelsmetropole erlebte. Im Kern wiederum eine einfache grobe Schweinsbratwurst, heute leicht mit gekuttertem Brät vermischt, gewürzt mit Salz, Pfeffer und Majoran.

In späterer Zeit meinten wackere Nürnberger Protestanten, das kleine Bratwurstmaß sei aus Gründen der Sparsamkeit entstanden. Es dürfte aber just das Gegenteil die Ursache gewesen sein: das Bedürfnis nach Delikatesse und Verfeinerung. Der Witz ist ja, dass die kleine Nürnberger Rostbratwurst über viel Außenfläche im Verhältnis zur inneren Masse verfügt – und das heißt: über viel Röstfläche, die das rauchige Grillaroma hebt.

Parallel zur Rostbratwurst entstanden in Nürnberg volkstümliche Bratwurstküchen wie jene »Zum Gulden Stern«, die schon 1640 als Speisehaus erwähnt und ein Jahr später mit dem Privileg der Hausschlachtung ausgestattet wurde. Der Grill, unter dem Buchenholz glüht, steht mitten im Lokal und vermittelt eine urige Atmosphäre und Aromatik. Die Würste werden, wie es sich gehört, roh auf den Rost gelegt und schmecken, wenn sie nicht zu lange auf dem Rost bleiben, überaus köstlich. Wie eh und je serviert die Kellnerin die Würste auf Zinntellern – bereits Montaigne waren 1580 die Zinnteller in deutschen Gasthäusern aufgefallen.

Neben Rauchbier, Märzen oder dem Hellen passen frische heimische Weißweine ausgezeichnet zu Bratwurst und Sauerkraut, insbesondere Riesling und Silvaner – auch das ist deutsch. Einer meiner Lieblingsplätze für diese Spezialitäten sind die »Bürgerspital Weinstuben« in Würzburg. Der Gast sieht dort auf einem weißen ovalen Teller schlicht das helle Sauerkraut, obenauf die braunen Bratwürste, daneben den goldenen Hausschoppen vom hauseigenen Weingut. Das hat Kultur: diese charmante Einfachheit, dabei alles so frisch, fein und würzig.

Üblicherweise erhält man bis heute zu Wein, Bier, Bratwurst und Sauerkraut auch Brot, und zwar dem Brauch nach Schwarz-, Grau- oder Weißbrot sowie Semmeln und Brezen. Der Duft von gebackenem Brot und Brötchen gehört zum deutschen Gasthaus unbedingt dazu. Schon 1279 hieß es in einer Markt- und Gewerbeordnung für Würzburg: »Desgleichen bestimmen Wir, daß Semmeler und andere Bäcker an jedem Werktag backen sollen, damit alle, die danach verlangen, frisches Weiß- und Schwarzbrot bekommen können. Wir bestimmen, daß die Bäcker, die ›Roggener‹ heißen, ihr Brot nur im Brothaus verkaufen sollen.«

Im Begriff der Semmel steckt der lateinische Name »simila« für feines Weizenmehl. Weizen, Roggen, Hafer und Gerste waren seit dem Mittelalter die hauptsächlichen Getreidesorten nördlich der Alpen, wenngleich es regionale Unterschiede gab. In Schwaben blieben nach wie vor Dinkel und Hirse vorherrschend. Allgemein jedoch rückten Einkorn, Emmer, Dinkel und Hirse, die seit der Jungsteinzeit hier angebaut wurden, in den Hintergrund. Ein Nischenprodukt war ebenso der Grünkern, der früh geerntete Dinkel, der über Buchenholzrauch gedarrt wird. Die Preissatzung für die Stadt Graz von 1460 nannte schließlich auch den Buchweizen, eine getreideähnliche Pflanze.

Den würzigen Roggen verwendete man für das Schwarz- und Graubrot, den feinen Weizen für Weißbrot, den milden und nahrhaften Hafer für den Frühstücksbrei, in Schwaben ersetzt durch den Hirsebrei. Gerste kam hauptsächlich für die Bierherstellung in Frage. In der Markt- und Gewerbeordnung für Landshut betonte man 1256: »Gerste darf nicht mit Semmelroggen (Gemisch aus Weizen und Roggen) vermischt werden. Brezeln dürfen nur aus Weizenmehl gemacht werden.«

Bis heute sind die Deutschen in aller Welt berühmt für Bier, Bratwurst, Sauerkraut und Brot. Doch selbstverständlich hatte sich das gastronomische Angebot niemals damit erschöpft. Es gab stets noch andere Besonderheiten. Seit dem 12. Jahrhundert waren Krapfen in Mode, abgeleitet vom Begriff der Kralle, als ein faustrundes, kugelförmiges Stück, ursprünglich gleichbedeutend mit Knödel, einem Begriff, der erst etwas später aufkam.

Ein Urbar der Bamberger Domherren aus dem 12. Jahrhundert nannte »krapphelini« mit Leber, also Leberknödel. Wolfram von Eschenbach erwähnte im *Parzival* um 1200 auch Krapfen, die in heißem Fett zischten, also Schmalzkrapfen. Krapfen, Knödel, Klöße, Klopse durften auf dem Tisch nicht fehlen. Karriere machte nicht zuletzt der Semmelknödel, später der Kartoffelknödel. Eine besondere Variante: der Pfälzer Teller, der typisch Deutsches zusammenbringt: Sauerkraut, Bratwurst, Leberknödel, Saumagen, ein Glas Riesling.

Marx Rumpolt stellte in seinem *New Kochbuch* von 1581 nicht nur ein »Keyserlich« oder »Churfürstlich Bancket« vor, sondern auch ein »Bancket der Bürger« und nannte dafür an erster Stelle einen Klassiker der deutschen Gasthausküche bis heute: »Ein Rindfleisch gesotten mit Märrhettich«, gefolgt von anderen beliebten Sonntagsgerichten wie Kalbs- oder Schweinsbraten. Speziell für das »Nachtmahl« sollte als Vorspeise »Allerlei Salat in ein Schüssel angerichtet« werden oder »Ein Kälberne Brust die gefüllt sei«; als Hauptgang schlug der Meisterkoch abends »Ein Hasen in eim Pfeffer« vor oder »Geräuchte Gänß in eim Spenat« sowie als besonders reichhaltige Zusammenstellung »Ein Kälbern Braten / ein Rindern Braten, / junge Hüner / Feldhüner und Bratwürst«. Zur Fastenzeit waren Fische an der

Reihe, wie »blaw abgesotten Forellen« oder »Gesotten Krebß«. Zuchtfische, Krebse sowie Niederwild waren an der bürgerlichen Festtagstafel durchaus gängig. Zum Nachtisch gab es »Allerley obß« (darunter eingemachtes Obst), »Gebackenes« (Krapfen, Küchlein) und »Käß«.

Etwas Neues war in Rumpolts Buch der Begriff der »Nudel« – als Bandnudel mit buttrig-röschen Semmelbröseln und geriebenem Käse. Schon kurz zuvor, 1553, hatte die Augsburger Patrizierin Sabina Welser in ihr handgeschriebenes Kochbuch ein Rezept für »Rabiolin« (Ravioli) aufgenommen, hergestellt aus feinem Tortenteig, dazu die heimische Variante: »gesottne Krepflen« (Schlutzkrapfen), hergestellt aus etwas würzigerem Mehl, gefüllt mit Mangold, Ei und Käse.

An der Ordnung der bürgerlichen Festtagstafel, so wie sie von Rumpolt 1581 vorgestellt wurde, sollte sich über Jahrhunderte nicht viel ändern. Im Gasthaus meiner Eltern in Wolframs-Eschenbach war bis in die 1960er Jahre hinein – und teils noch darüber hinaus – bei Hochzeitsfeiern folgendes Menü obligat: Hochzeitssuppe mit Leber- und Semmelknödeln; gesottenes Rindfleisch mit Meerrettich und Preiselbeeren; Kalbsbraten mit Kartoffelknödeln sowie Bandnudeln mit Semmelbröseln und grünem Salat; zum Nachtisch Obstkompott.

Doch selbstverständlich wollten die Deutschen – wie ehedem die Kelten und die Franken – nie ganz auf Mediterranes oder Exotisches verzichten. Schon um 960 hatte der jüdische Kaufmann Ibrāhīm aus Córdoba in sein Reisebuch notiert, dass in der Stadt Mainz Pfeffer, Ingwer, Nelken und Galgant zu haben seien. Im ältesten deutschen Kochbuch, im *Buch von guter Speise*, das um 1350 in Würzburg entstand, kamen neben den genannten Gewürzen auch Zimt und Safran zum Zug, vom

Koch gern alles vermischt als eine Art von Curry. Wer damit würzen konnte, konnte zaubern.

Das Rezeptbuch gehörte zum Haushaltsbuch des Michael de Leone, eines Juristen, der der Protonotar des Bischofs von Würzburg war. Er stand als Spross eines Patriziergeschlechts an der Schwelle zwischen großbürgerlicher und höfischer Gesellschaft und konnte sich »gute Speisen« leisten, ebenso Käsekuchen, also Einfaches und Mehrschichtiges.

Menschliches Miteinander: Umgang, Gespräch, Lebensart

Nicht alle Gäste fühlten sich in Deutschland so wohl wie Beatis, Montaigne oder Coryate. 1618 brach der Dreißigjährige Krieg aus. Nach dieser Katastrophe lag das Land danieder. Besonders schwer hatte Brandenburg unter dem Krieg und seinen Folgen zu leiden. So stieg der junge Barbiergeselle und Wundarzt Johann Dietz 1682 in eine Kutsche, die ihn von Halle nach Berlin bringen sollte. In seinem *Lebenslauf* berichtete er über die Einkehr der kleinen Reisegruppe in ein Wirtshaus im Wald namens Schmerberg – wo es damals tatsächlich einen »Krug« gab, östlich von Ferch im heutigen Landkreis Potsdam-Mittelmark. Es herrschten ärmliche Zustände: »Da war weder zu beißen, noch zu brocken; kein Brot, (nur) sauer Bier, kein Stroh; daß wir also bei den Pferden aufm Mist liegen mussten.«

Erst Mitte des 18. Jahrhunderts hatten sich die deutschen Lande wieder einigermaßen erholt. 1748 begleitete der schottische Philosoph David Hume einen General, der vom englischen König als Gesandter an den kaiserlichen Hof nach Wien geschickt wurde. Die kleine Gesandtschaft kam über Holland nach

Köln, reiste weiter über Frankfurt am Main, Nürnberg und Regensburg bis nach Wien. Hume schilderte seine Eindrücke in zwei langen Briefen an seinen Bruder.

Fast schon obligat für ausländische Besucher, sprangen Hume der Kachelofen und das Federbett ins Auge. Von Bonn aus berichtete er: »Wir sind in ein Land gekommen, wo es keine offenen Kamine, sondern Öfen, und keine Decken, sondern Federbetten gibt. Weder das eine noch das andere mag ich, sind doch beide zu warm und zu stickig.« Doch je länger die Reise dauerte, desto besser wurde Humes Laune. Von Nürnberg war er sogar »sehr angetan: Die Häuser, obwohl altmodisch und von grotesker Gestalt (...), sind doch solid, gut gebaut, vollständig eingerichtet und sauber. Die Menschen sind hübsch anzusehen, gut gekleidet und wohlgenährt. Ein Flair von Fleiß und Zufriedenheit, ohne Prunk, durchwirkt das Ganze.«

Für Hume herrschten in Deutschland keine schlechten Verhältnisse. Als er sich mit dem Schiff donauabwärts auf Wien zubewegte, meinte er: »Die einfachen Leute werden hier fast überall viel besser behandelt und leben bequemer als in Frankreich; und sie stehen den Engländern kaum nach, ungeachtet allen Anscheins, den letztere sich geben.« Was Hume schilderte, klang fast so, als habe er damit die genossenschaftliche Verfassung des Gasthauses gemeint: Jeder darf herein, Fürsten wie Bauern, wie im »Riesen« in Miltenberg.

1798 brach Ernst Moritz Arndt von Rügen aus zu einer großen Reise auf. In Franken ging er in den Gasthof »Walfisch« in Erlangen, den der Hugenotte Toussaint betrieb, als das erste Haus am Platze – oder wie Arndt in seinem Reisebuch schrieb: »der erste Gasthof in Hinsicht auf Eleganz und Ordnung«. Was er dort sah, entsprach den allgemeinen Eindrücken Humes ein paar Jahrzehnte zuvor. Es handelte sich um eine Fürstenherberge mit dem Flair des Genossenschaftlichen: »Da sitzt alles ohne Grandezza und Auszeichnung untereinander: der Graf bei dem Amtsschreiber und der Bursche bei seinem dreimal gekrönten Lehrer. Jeder gilt, was er gelten kann oder will. Kein Zwang von oben (...) hält Kopf und Mund verschlossen.«

Ein paar Monate zuvor, im November 1797, war auch Goethe im Erlanger »Walfisch« eingekehrt. Ihm gefiel es, die zwanglos elegante, genossenschaftliche Art des Gasthauses an seiner eigenen Tafel zu zelebrieren. Goethes Sekretär Friedrich Wilhelm Riemer schilderte in seinen *Mittheilungen über Goethe* herzerfrischende Situationen an Goethes Tafelrunde in Weimar, zumal wenn der Altertumsforscher Martin Friedrich Arendt zugegen war: »Es schmeckte diesem Ausgehungerten jederzeit so vortrefflich, daß er eines Mals, nachdem er mit Hammelbraten und Gurkensalat zuerst den Teller, dann den Magen reichlich gefüllt hatte, nun auch die köstliche Brühe von Gurkensaft und Oel und Essig nicht wollte umkommen lassen. Den Teller schon mit beiden Händen zu den Lippen erhoben um ihn auszuschlürfen, fiel es ihm doch noch ein für diese studentikose Manier um Erlaubnis zu bitten. G. (Goethe) mit unnachahmlicher Bonhommie, Ruhe und Treuherzigkeit hieß ihn ›sich nur ja nicht zu genieren‹, indem er, während daß jener schlürfte, das Leckere einer solchen Mischung von Bratenbrühe und Gurkensaft rühmend auseinandersetzte, und so den Genießer ermuthigte, sich ganz zwanglos dem Behagen des erquicklichen Trankes hinzugeben.«

1803/04 sowie 1807/08 war Madame de Staël rechts des Rheins unterwegs und besuchte mehrmals auch Goethe im Haus am Frauenplan in Weimar. Für ihn und Schiller war das nicht immer ersprießlich. 1813 veröffentlichte sie ihr vielgelesenes Buch *Über Deutschland.* Sie schrieb von der Warte des Pariser Salons aus und verzog das Bild der Deutschen leicht ins Karikaturartige, traf manches aber doch recht gut.

»Man hat viel Mühe«, erklärte sie, »wenn man soeben aus Frankreich kommt, sich an die Langsamkeit, an die Trägheit des deutschen Volkes zu gewöhnen; es hat nie Eile.« Von wegen »ein Flair von Fleiß«, wie es zuvor Hume bemerkte. Doch Madame kannte ihren Tacitus, der tausendsiebenhundert Jahre zuvor von der »üblichen Trägheit der Germanen« gesprochen hatte. Diese Meinung wurde von ihr ohne Federlesens auf die Deutschen übertragen. Statt eines regen öffentlichen Lebens, so die Autorin, walte bei den Deutschen der Zug ins Innere vor, sei es die warme Stube, sei es »das innere Leben, die Seelenpoesie«. Als werde gerade ein Blick ins Gasthaus geworfen, sagte sie: »Die Öfen, das Bier, der Tabaksrauch umgeben den einfachen Mann in Deutschland mit einer Art schwerer heißer Atmosphäre, aus welcher er nicht gern hervorgeht.«

An sich hatte Madame recht: Das Gasthaus war kein Salon. Dort ging es dem Ideal nach gewandt, gewitzt, höfisch-urban zu – oder zuweilen auch überfeinert, marionettenartig. Umgekehrt herrschte im Gasthaus nicht immer eine überheizte, bierselige, vernebelte Stimmung vor. Man konnte sich dort häufig in »heiterer Gesellschaft« befinden. Für Ernst Moritz Arndt herrschte im Erlanger »Walfisch« an der »netten Table d'hôte«, der gemeinsamen Speisetafel der Gäste, »ein so anständiger wie feiner Ton« vor.

So deutlich waren Stube und Salon nicht voneinander getrennt. Die Übergänge sind fließend – von der »Stube« über die »gute Stube« und »Salonstube« zum »Salon«. Und es gab

Abb. 7: »Gelber Saal« im Haus am Frauenplan in Weimar, Goethes Empfangs- und Speisezimmer, ungefähr so, wie es nach dem Umbau des Hauses um 1790 eingerichtet wurde.

hierzulande aufgeklärte Denker, die ein Benehmen zwischen adliger und bürgerlicher Kultur auf den Schild hoben: so weltläufig wie gebildet, so würdevoll wie menschlich.

Nicht nur Goethe leistete dem Vorschub, sei es durch seine Werke, sei es durch seinen Lebensstil. Der »Gelbe Saal« in seinem Haus am Frauenplan in Weimar war im Grunde eine Salonstube, in der der Dichter fast jeden Tag, wenn er in Weimar weilte, Gäste empfing. Man saß fast immer zwei bis drei Stunden bei Tisch, genoss Speis und Trank und die Unterhaltung. Ähnlich wie Goethes »Gelber Saal« dürften die Speisesäle der Fürstenherbergen im 18. Jahrhundert ausgesehen haben: nicht mehr unbedingt mit dunkler Bohlenbalkendecke, sondern mit heller Stuckverzierung. Und weiter im Norden, in den deutschen Küstengebieten, hat man damals die Vertäfelung gern durch weiß-blaue Delfter Kacheln ersetzt, die maritim anmuteten.

Schon 1788 hatte Adolph Freiherr von Knigge sein Buch *Über den Umgang mit Menschen* veröffentlicht. Nichts schlimmer für ihn, als dumpf und stumpf am Tisch zu sitzen. Dagegen lehrte er Beredtheit und die Selbstverständlichkeit, anderen angenehm zu sein: »Eine gewisse Leichtigkeit im Umgang also, die Gabe, sich gleich bei der ersten Begegnung vorteilhaft darzustellen, mit Menschen aller Art zwanglos sich in Gespräche einzulassen.«

So habe ich beispielsweise meinen Großvater als Gastwirt in Erinnerung: mit dieser gewissen Leichtigkeit im Umgang und im Reden. Das lehrten ihn die Schule des Gasthauses und die tägliche Zeitungslektüre. Knigge hat er, soweit ich weiß, nie gelesen. In meiner Erinnerung herrschte in unserem Gasthaus eine gute Stimmung, ob das die Bauern und Handwerker beim

Schafkopfspielen waren oder, wie man damals sagte, die »feineren Herrschaften« aus der Kreisstadt, die zum Essen kamen. Mein Großvater wie mein Vater setzten sich, je nach Gelegenheit, eine Zeitlang an die Tische und unterhielten sich mit den Gästen.

Selbstverständlich ist die Geschicklichkeit des Bedienens wünschenswert, aber doch nicht das Wichtigste für den Service. Die Königsdisziplin des Wirts und seines Personals sind Gespräch, Verständigung, freundliche Mimik und Gestik – als die rechte Art des Menschlichen überhaupt. Mein Großvater und mein Vater stellten sich auf die Situation und Individualität der Gäste ein. Manchmal reichten schon im Stehen ein paar witzige Bemerkungen, um die Laune zu heben. Auch treffende Worte können ein Genuss sein wie gutes Essen und Trinken. Kaum etwas ist humaner als ein netter Scherz. Bei uns wurde viel gelacht, ob Bauern, ob Doktoren. Meine Mutter wechselte von der Küche in die Gaststube und brachte ihr freundliches Wesen mit ein.

Für mich als Bub war unser Haus ein halböffentliches, wo sich ein Teil des Gemeindelebens abspielte: Hochzeiten, Leichentrunke, Parteiversammlungen mit dramatischen Nominierungen von Bürgermeister- und Stadtratskandidaten, lustige Kappenabende zur Faschingszeit, Schafkopfrennen mit Hammelpartie, herbstlicher Karpfenschmaus oder winterliches Abendessen nach Treibjagden mit Jagdhorngebläse, wenn die vornehmen Damen der Jagdgesellschaft mit den Bauern der Treibergesellschaft am Tisch saßen.

Unser Haus – der »Stern«, bis 1986 von der Familie betrieben – war Gasthaus, Begegnungsstätte, Schauspiel- und Gesangsort zugleich. Höhepunkt im Jahr war das Kirchweihfest mit Musik am Abend, wenn Bauer und Bäuerin oder Gäste aus nah und fern im Sonntagsstaat kamen und die Gaststube mit offen verbundenem Nebenzimmer mehrere Tage brechend voll war. Wenn die Zwei-Mann-Kapelle mit Gesang, Quetsche und Trommel für Stimmung sorgte, intonierte sie vor jeder Pause »Ein Prosit der Gemütlichkeit«. Rund hundert Gäste sangen mit, aus voller Brust, hoben die Gläser und prosteten sich gegenseitig zu. Ein Abend voller Lebensfreude. Es war etwas vom Geheimnis des Gasthauses zu spüren: Der Einzelne ging auf in der Gemeinschaft.

Der Kern: das Gemütliche, Biedermeier, elegante Einfachheit

Begriffe wie Gemütlichkeit und Biedermeier gelten als unübersetzbar und werden ins Englische oder Französische übernommen. Für viele Beobachter verkörpern diese beiden Ausdrücke deutsche Lebensart und Gasthauskultur überhaupt – und das ist nicht immer nett gemeint. Das Wort Biedermeier bildete sich in der zweiten Hälfte des 19. Jahrhunderts heraus und galt als Spottwort für die Jahrzehnte davor. Bieder bedeutete von nun an spießbürgerlich, philisterhaft – der Biedermann als Stubenhocker mit verengtem Horizont.

In Wahrheit war das eine Verzerrung der gesellschaftlichen Zustände in der ersten Hälfte des 19. Jahrhunderts. Denn damals bedeutete bieder noch etwas anderes: tüchtig, treuherzig, rechtschaffen, gemütvoll, sachlich-nützlich. Tatsächlich war der Biedermann noch nüchtern gesinnt, während der Bourgeois nach 1850 hinter historisierende Formen flüchtete und sich etwas vorgaukelte über die Wahrheiten modernen Lebens. Man sollte das wirkliche Biedermeier als nordalpine Eigenart nicht unterschätzen.

Als geschichtliche Periode wird das Biedermeier häufig auf die Jahre zwischen 1815 und 1830 oder 1848 begrenzt. Es war jene Phase, als sich die Deutschen von der napoleonischen Herrschaft befreit hatten und wieder nach dem Eigenen, dem typisch Deutschen suchten. Es war eine Epoche, die nicht zuletzt von Künstlern wie Goethe, Beethoven, Schubert, Schinkel und Klenze geprägt wurde. Damit lässt sich erahnen, dass sich hinter dem Biedermeier eine klassizistische Gesinnung verbarg, jenes berühmte Motto, das schon Johann Joachim Winckelmann 1755 in seinen *Gedanken über die Nachahmung der griechischen Werke* herausgebildet hatte: »eine edle Einfalt und eine stille Größe«. Das verwies auf eine natürliche Lebenshaltung und die schlichte Ursprünglichkeit in der Kunst, gemeint als Befreiung von fürstlichem Absolutismus, repräsentativem Pomp und barockem Übermaß sowie als Rückbesinnung auf das moderate Maß des antiken griechischen Bürgers.

Man tut gut daran, den Begriff des Biedermeiers zeitlich nicht zu eng zu fassen, sondern ihn als Biedermeier-Klassizismus zu verstehen. Nach und nach wurden Barock und Rokoko europaweit abgelöst von frühklassizistischem Louis-seize, klassizistischem Zopfstil und Empire sowie vom Biedermeier. Die biedermeierliche Kunst war sogar am radikalsten. Selbst Girlanden, Pilaster und antikisierende Elemente verschwanden. Die Möbel erhielten ruhige und klare, oft schon kubische Formen. Das Holz wurde zum wichtigsten Material, in meisterlicher Handwerkskunst verarbeitet, schnörkellos und schön durch seine Maserung, echt und unverfälscht.

In der Malerei verschwand die mythologisierende oder heroisierende Staffage, die Menschen traten auf natürlich Art hervor: als zeitgenössische Bürger mit Familiensinn, anmutig, bescheiden und doch als Persönlichkeiten, innerlich mehr mit den Ideen der Revolutionszeit oder der Romantik verbunden – Selbstbestimmung, Selbsterziehung, Bildung – als mit dem Diktat politischer Restauration. Die biedermeierliche Kunst gehörte zur europäischen Avantgarde, die den Bürger als wichtige Figur der Gesellschaft in Szene setzte.

Die Leute schätzten nicht nur die klassischen Bürgertugenden, Gewerbefleiß, Erfindungsgeist, sondern auch den Kult der Freundschaft, der Schubertiaden und Leseabende. Ein erstarkendes Besitz- und Bildungsbürgertum hatte Lust, auszugehen, sei es, dass man Freunde besuchte, sei es, dass man ins Theater ging oder das gastronomische Angebot genoss. Man promenierte in Berlin Unter den Linden und kehrte dort in Café-Konditoreien und Weinstuben ein. Ebenso wollte man auf dem Land nicht bloß daheim hinter dem Ofen brüten. Schlichte Schankwirtschaften verwandelten sich in Gasthäuser mit Atmosphäre.

In Pfaffenhofen an der Zusam, nördlich von Augsburg, hat sich im »Gasthof Straub« eine Stube aus dem Jahr 1803 fast unverändert erhalten – der Form nach zwischen klassizistischem Zopfstil und Biedermeier: mit Dielenboden, umlaufenden Wandbänken, Vertäfelungen, teils mit geschnitzten Girlanden, eingearbeitetem Spiegel und eingebauter Uhr, dazu Erlenholztische, bekrönt von einer Kassettendecke.

Auffällig, dass sich diese Biedermeier-Stube nicht allzu sehr von der Renaissance-Stube in der »Schwane« in Volkach am Main unterscheidet. Die wesentlichen Elemente sind die gleichen, nur dass die Stube im »Gasthof Straub« einheitlicher und eleganter erscheint. Das frühbürgerliche Kulturmuster der Dü-

Abb. 8: Biedermeier-Klassizismus: Wirtsstube im »Gasthof Straub« in Pfaffenhofen an der Zusam aus dem Jahr 1803

rerzeit wirkte in die Salonstube des Biedermeier-Klassizismus hinein. Dürerzeit wie Goethezeit wurden vom Ideal gediegener Einfachheit und Ausgewogenheit beherrscht. Beide, Dürer wie Goethe, hatten ihren klassizistischen Ansatz in Italien geschult und nordalpin-biedermeierlich eingefärbt. Beiden war die Freude am eigenen Haus eigen: nicht überflüssig luxuriös, aber annehmlich und behaglich. Demgegenüber galten Barock und Rokoko nicht unbedingt als typisch deutsch. Tatsächlich hatten diese Stilrichtungen nie maßgeblichen Einfluss auf das Gasthaus ausgeübt.

1796/97 veröffentlichte Wilhelm Heinrich Wackenroder anonym seinen berühmten Aufsatz über das *Ehrengedächtnis Dürers*, zuerst in einem Journal, dann in dem Bändchen *Herzensergießungen*, von dem als Manifest literarischer Frühromantik eine große Wirkung ausging. Nürnberg, Gotik, Renaissance, der Geist der Bürgerschaft, die Kunst Dürers wurden gefeiert. Zum Biedermeier-Klassizismus gesellte sich Romantik. Was sich bislang wie von selbst vollzog, das Fortleben der Wandbänke, Vertäfelungen und Kachelöfen im Gasthaus: dem haftete nun – bewusst reflektiert – etwas Heimatlich-Romantisches an.

In Goethes bürgerlicher Idylle *Hermann und Dorothea*, die 1798 erschien, war wiederholt vom »Gemüt« die Rede. In Erinnerung an den Rhein sagte dort der Wirt zum Goldenen Löwen am runden Honoratioren-Stammtisch: »Immer schien er mir groß und erhob mir Sinn und Gemüte.« Erbauung des Gemüts, der geistig-seelischen Kräfte, war ein Schlagwort der Zeit. Im Wort Gemüt steckt der Begriff Mut, Lebensmut, Ansich-Halten, sich wider die Zufälle des Lebens wappnen, eine stoische Haltung einnehmen, ein inneres Gleichgewicht und Ruhe gewinnen. Das Adjektiv »gemütlich« meint: ausgeglichen, gleichen Sinnes mit anderen sein, umgänglich, zwanglos, behaglich. Dementsprechend kam in *Hermann und Dorothea* auch die biedermeierlich-klassizistische Möbelkunst ins Spiel: »Alles ist einfach und glatt; nicht Schnitzwerk oder Vergoldung / Will man mehr.«

Wien, München, Berlin, Hamburg, Kopenhagen waren die Zentren der biedermeierlichen Kunst, quasi eine deutsch-dänische Angelegenheit. Nicht von ungefähr verweist bis heute der deutsche Begriff des Gemütlichen auf das dänische Wort »hygge«: Man sitzt mit Leuten zusammen, die man mag – isst, trinkt, unterhält sich, gelassen, kein Etepetete. Gemütlich-hyggelig sind Kaminfeuer, Kachelofen, Holzmöbel, Kissen.

Biedermeier, Gemütlichkeit, Gasthauskultur haben ein gemeinsames Ideal: das moderate mittlere Maß. Repräsentativer

Pomp oder starke Hierarchie unter den Gästen vertragen sich nicht mit dem Gemütlich-Biedermeierlichen, mit einer Kultur, die auf Freundschaft, das Menschlich-Innige und Vertraute angelegt ist.

In der Gründungsphase des Gasthauses, in Gotik und Renaissance, war Deutschland noch weitgehend ländlich geprägt. Die größten Städte damals – Köln, Nürnberg und Augsburg – erreichten etwa 40 000 Einwohner, während es in benachbarten Ländern schon Großstädte mit über 100 000 Einwohnern gab, wie Venedig, Paris und London. Zu solcher Größe wuchsen im deutschsprachigen Gebiet erst im 18. Jahrhundert Wien, Berlin und Hamburg heran. Bis dahin herrschte in Deutschland eher ein ländliches oder kleinstädtisches Leben vor. Erhellend dazu, vertritt der Soziologe Georg Simmel in seinem Aufsatz *Die Großstädte und das Geistesleben* die Ansicht, dass dem ländlich-kleinstädtischen Milieu die tieferen Gemütskräfte eigen seien, geprägt von beharrenden Eindrücken, während das großstädtische Leben von beweglicheren Verstandeskräften und Intellektualität bestimmt werde, angepasst an Tempo und Mannigfaltigkeiten. Die älteren deutschen Verhältnisse waren demnach prädestiniert für das gemütliche Gasthaus.

Möglicherweise hat das Gemütlich-Biedermeierliche sogar etwas mit den Gewohnheiten der Germanen zu tun. Caesar berichtete im *Gallischen Krieg*, dass die Germanen »in Sippen, Großfamilien und anderen Genossenschaften« zusammenlebten. Tacitus wies in seiner *Germania* auf das freiheitlich-republikanische Element der Germanen hin, auf die »Volksversammlung« als das eigentliche Machtorgan. Dieser genossenschaftliche Zug ging später den Deutschen in der Politik zeitweise verloren, aber nie im Gasthaus.

Schließlich dürfte sich auch der keltische Sagenkreis auf die Verfassung des Gasthauses ausgewirkt haben. Bis ins hohe Mittelalter haben sich keltische Heldenlieder in mündlicher Überlieferung erhalten, zumal in der französischen Bretagne, in England, Wales, Schottland und Irland, hinzu kamen ein paar schriftliche Quellen zur keltisch-britischen Geschichte. In diesen Quellen tauchte unter anderem ein Artus als Kriegsheld, Herzog oder König auf. Der normannische Geistliche Wace verband 1155 im *Roman de Brut* mit dem Hof von König Artus eine ritterliche Tafelrunde. Artus war dort nur Erster unter Gleichen. »Für die adligen Ritter«, schrieb Wace, »schuf Artus eine Tafelrunde, von der die Briten viele Geschichten erzählen. Dort saßen seine Vasallen alle in demselben ritterlichen Rang und ohne Abstufung voneinander; ganz gleich saßen sie bei Tisch, und alle wurden in gleicher Weise bedient.«

Französische und deutsche Dichter des hohen Mittelalters wie Chrétien de Troyes, Hartmann von Aue und Wolfram von Eschenbach nahmen dieses Motiv der gleichrangigen Tafelrunde am Hof von König Artus in ihre Werke auf und machten es populär, so Wolfram im *Parzival*. Der Dichter ließ später allerdings nicht nur Ritter, sondern auch Damen bei Hofe am Tisch sitzen, gleichberechtigt nebeneinander, wie im *Willehalm* beim Fest in Orange: »Nun platzierte man die Schar der Damen in bunter Reihe mit den Rittern.«

Die Tafelrunde, so wie sie von mittelalterlichen Dichtern erträumt wurde und wie sie vielleicht einmal bei den Kelten üblich gewesen war, zog in Form der Table d'hôte, der gemeinsamen Speisetafel der Gäste, bei der der Wirt als Erster unter Gleichen den Vorsitz führt, in das Gasthaus ein. Auch der dortige runde Stammtisch, an dem Ebenbürtige zusammensitzen, dürfte etwas mit der gleichrangigen Tafelrunde von König Artus zu tun haben, in diesem Fall nach und nach verwandelt in einen gastronomischen Debattierclub als die Form von Demokratie.

Gastronomische Verzweigung um 1800: Hôtel und Grandhotel

Im Laufe der Zeit fächerten sich die Formen der Gastronomie auf. Schon kurz nach dem Dreißigjährigen Krieg hatte es erste Nachrichten über den Ausschank von Kaffee und Tee in Deutschland gegeben. Die *Janibal'sche Chronik* berichtete für das Jahr 1677: »Um diese Zeit kam ein Englisch Mann in Hamburg und fing an Thee und Coffee zu schenken, diesem folgte ein Holländer: darauf denn Thee und Coffee trinken sehr gemein geworden.«

Spätestens seit dem letzten Drittel des 18. Jahrhunderts spalteten sich vom Typus des Gasthauses und der Fürstenherberge andere Formen der Gastronomie ab: das Kaffeehaus, quasi als ein halböffentlicher Salon, das Hôtel sowie bald danach das Restaurant – Betriebe, die in Größe und Einrichtung adligfürstliche Schlösser und Gesellschaftsräume nachahmten: mit Marmortischen, gepolsterten Lederbänken, Wandspiegeln, Kronleuchtern.

Frankfurt am Main stieg im 18. Jahrhundert als Wahl- und Krönungsort der deutsch-römischen Könige und Kaiser sowie als Messestadt von europäischem Rang zu einem Zentrum der Gastronomie in Deutschland auf. Insbesondere an der westlichen Nordseite der Zeil, der breiten Achse in der Mitte der Mainstadt, wuchsen palastartige Gebäude empor, darunter Herbergen, die man zwar nach wie vor »Gasthaus«, »Gasthof«, »Hof« oder »Haus« nannte, die aber in Wahrheit bereits dem neuen Typus des »Hôtel« entsprachen, begrifflich abgeleitet vom Stadtpalais des französischen Hochadels in Paris.

1766 riss man an der Zeil das ältere »Rote Haus« ab und ersetzte es durch einen großen Bau in spätbarocken Formen mit majestätischem Mittelrisalit. Der erneuerte Gasthof wurde rasch zu einer Attraktion in der Stadt, für Reisende wie für Einheimische. Der Speisesaal verwandelte sich nachmittags in einen Konzert- und Tanzsaal der guten Frankfurter Gesellschaft.

Es kamen viele Besucher in die Mainmetropole, die in Briefen und Tagebüchern die Zeil als die führende Gastronomie-Meile in Deutschland rühmten. 1795 erschien in Dresden ein anonymer Bericht mit dem Titel *Reise durch Thüringen, den Ober- und Niederrheinischen Kreis*, in dem es hieß: »Frankfurt ist das Eldorado der Gastwirthe. Die Menge von Fremden, welche theils der Gegenden, theils der nahen Bäder wegen durchreisen, die Messen, die Krönung (…) dies alles macht ihr Gewerbe zu einer sicheren Goldgrube. (…) Das Rothe Haus verdient, nebst den drey Mohren in Augsburg, vielleicht unter die prächtigsten und vortrefflichsten Gasthöfe in Europa gerechnet zu werden (…). Die Mahlzeit hätte an keiner Marschalltafel reichlicher und kostbarer seyn können. Es war ein hoher gewölbter Saal, wohin man sich auf das mit einer Glocke gegebene Zeichen, zu Tische begab. Die Gäste saßen an zwey langen Tafeln, deren jede 200 Gedecke haben mochte.« Die Dimensionen einer traditionellen Fürstenherberge waren damit gesprengt.

1793 stellte Johann Friedrich Morgenstern in einem Ölgemälde die Paläste an der westlichen Nordseite der Zeil zur Schau:

Abb. 9: Nordseite der westlichen Zeil in Frankfurt am Main: vom »Roten Haus« bis zum »Weidenhof«, Ölgemälde von Johann Friedrich Morgenstern, 1793

rechts das »Rote Haus« – und links, als das letzte dort sichtbare Gebäude der Zeil, das »Gasthaus zum Weidenhof«, mit weißer Fassade und anthrazitfarbenem Mansarddach. Es gehörte von 1705 bis 1730 Friedrich Georg Göthé, der hier ein Vermögen verdiente, so hoch, dass später auch noch der berühmteste Spross der Familie, Johann Wolfgang Goethe, als junger Mann ein finanziell unbeschwertes Leben führen konnte.

In Leipzig, der anderen deutschen Messestadt von europäischem Rang, vollzog sich Ähnliches. Dort durfte sich das Martiussche Gasthaus in der Klostergasse 9 seit 1776 »Hôtel de Saxe« nennen. Es ging aus einem noblen Stadtpalais hervor, das sich 1711 ein Leipziger Handelsherr gebaut hatte, viergeschossig mit hohem Saal.

Mit dem heraufziehenden Industriezeitalter formierte sich eine neue mobile Oberschicht. Hochadel, Hochfinanz und Großindustrielle wollten sich gegenseitig überbieten. Jeder wollte leben wie ein Fürst, deshalb sollte auch das Hôtel oder Grandhotel etwas überaus Distinguiertes, Abgehobenes haben. Der Typus des großen Hotels erhielt eine schlossartige Raumordnung, so wie der »Badische Hof« in Baden-Baden, der 1807 aus dem Umbau des säkularisierten Kapuzinerklosters hervorging: ausgestattet mit hohem Ball- und Speisesaal im ehemaligen Kirchenraum, mit Casino, Theater und 60 Zimmern.

Die herkömmliche Fürstenherberge verfügte in der Regel nur über eine Gaststube mit gemeinsamer Speisetafel sowie über Zimmer zum Übernachten, aber noch nicht über weitere Vergnügungsmöglichkeiten wie nun das Hôtel, zumal das Grandhotel: mit Salon, Restaurant, Grillroom, Café, Casino, Theater, Ballsaal. Im Laufe des 19. Jahrhunderts stieg die Zahl der Gästezimmer in den Grandhotels sprunghaft an. Der »Bayerische Hof« in München verfügte 1841 schon über 200 Zimmer, das »Central Hotel« an der Friedrichstraße in Berlin 1880 über 500.

Für den Typus des deutschen Gasthauses blieben hingegen jene Merkmale prägend, die sich bereits in Gotik und Renaissance herausgebildet hatten: eben eine Art von Biedermeier, einfach und gediegen, redlich, von sachlicher Eleganz, gutes Handwerk der Zimmerer und Tischler, der Köche, Kellner, Bäcker, Metzger, Brauer, Winzer. Während Grandhotel, Restaurant und Kaffeehaus einen internationalen, genauer gesagt: transatlantischen, europäisch-amerikanischen Stil pflegten, blieb das Gasthaus der heimischen Tradition treu.

Charme des Alltäglichen: der moderate mittlere Stil

Im 19. und 20. Jahrhundert sollten sich mit Hilfe von Technik und Industrie die Genussmöglichkeiten ins Ungeahnte erweitern, ganz so, als verliere das Leben jegliche Bedrückung und Begrenzung. José Ortega y Gasset schrieb 1930 in *Der Aufstand der Massen*: »Die Welt, die den neuen Menschen von Geburt an umgibt, zwingt ihn zu keinem Verzicht in irgendeiner Beziehung; sie stellt ihm kein Verbot, keine Hemmung entgegen; im Gegenteil, sie reizt seine Gelüste, die prinzipiell ins Ungemessene wachsen können.«

Im Hotel sollte es nicht länger nur eine gemeinsame Speisetafel für alle Gäste geben, wo zu einer bestimmten Zeit das Menü serviert wurde. Man fand nun im Grandhotel neben dem Speisesaal zusätzlich ein Restaurant oder einen Grillroom vor, wo man mittags wie abends individuell an kleinen Tischen Platz nehmen und *à la carte* bestellen konnte. Das Angebot wurde flexibler, exquisiter, schier grenzenlos.

Das klassische Gasthaus hat dieses Überangebot nie mitgemacht. Man könnte auch sagen: Es ging schonender mit den natürlichen und menschlichen Ressourcen um, war maßvoller in seiner Art. Heute orientiert sich mancherorts die Hochgastronomie wieder am Gasthaus. Feine Restaurants servieren am Abend wieder ein einziges Menü, sonst nichts. Die Küche kann dadurch konzentrierter und genauer arbeiten, zudem fällt weniger Abfall an. Und die Zutaten werden nicht mehr unbedingt aus aller Welt bezogen, sondern hauptsächlich aus regionaler Kreislaufwirtschaft.

Mir ist die Maxime sympathisch: »Nichts zu sehr« – einst eingemeißelt im Apollontempel von Delphi. Heute scheint es mir angemessen zu sein, weder Industrie und Technik zu verteufeln noch blind darauf zu bauen. Es ist gut, wenn sich der Mensch seiner natürlichen Herkunft erinnert – und zugleich die gegenwärtige Höhe des Lebens erklimmt. So mag es Hochgastronomie, Hochküche geben, als Inspiration für festliche Tage, als Erlebnis von ungemeiner Feinheit und Nuanciertheit des Essens und Trinkens, gleichzeitig scheint mir aber der moderate mittlere Stil des Gasthauses kaum weniger vergnüglich zu sein.

Es lässt sich ein dreistufiges System bilden: Das erstklassige Restaurant als hohe Schule oder hoher Stil; das gute Gasthaus als moderater mittlerer Stil; schließlich das Lokal mit Convenience-Food und Pülverchen als banaler Stil. Das Gasthaus dockt sich idealerweise nach oben hin an, ans Restaurant. Umgekehrt geht auch das Restaurant auf das Gasthaus zu, indem es sich weniger gespreizt gibt. Es findet eine Stilmischung statt.

Charme des Alltäglichen – das ist das große Thema des Gasthauses: nicht zu hoch hinaus, nicht zu tief nach unten. Kurzum: kein Größenwahn, kein Flitter und Schein, kein Übermaß an Exotik, sondern Maß und Genüge, ein gewisser Purismus und überlegte Einfachheit, der schonende und wertschätzende Umgang mit den Ressourcen, weitgehend zufrieden mit dem, was die Umgebung bietet, der tägliche Genuss auf eine gesunde, schickliche und angemessene Art und Weise.

Für das Gasthaus wie das Restaurant ist das Kochen mit frischen, saisonalen und gereiften, hauptsächlich regionalen Produkten das Ideal. Das gestörte Verhältnis des modernen Menschen zur Natur kann damit verbessert werden. Bei behutsamer Zubereitung der Zutaten kehren magische Momente zurück.

Im Gasthaus geht es nicht nur um das Kreative, sondern auch um das Kuratieren und Erhalten. Es kommt nicht bloß auf das an, was man noch nie gegessen hat, australische Ameisen, sondern auch auf das, was man wieder und immer wieder gerne isst, handgeschabte Spätzle. Die einfachen, handwerklich gut gemachten Sachen sind ja auch nicht selbstverständlich.

Nicht hochgetriebene Kreativität, sondern das Kultiviert-Natürliche hat im Gasthaus den Vorrang. Ein Kernelement ist das Beständige, das dem Gast hilft, seiner selbst gewahr zu werden. Er erlebt das Glück des Wiederkennens, isst Dinge, die der überlieferten nordalpinen Lebensart zugehören. Und doch darf sich auch das Gasthaus nicht versteifen. Es muss seinerseits bis zu einem gewissen Grad offenbleiben für Neues. Bekanntermaßen bleibt die Welt nicht stehen. Jede Epoche bringt neue Bedürfnisse, Sehnsüchte hervor. Doch die Vorgabe für das Gasthaus heißt nicht Revolution, sondern Evolution – die gemächliche, behutsame Entwicklung.

Ein Kulturgesetz lautet: Erhalten und erneuern! Mir gefällt eine Mischung aus traditionell-deutscher und modern-deutscher Küche. Die traditionell-deutsche Küche schätzt sowohl heimische Zutaten als auch einen Bestand an althergebrachten Gerichten, sagen wir: Leberknödelsuppe oder Semmelknödel. Die modern-deutsche Küche hält sich hauptsächlich an Produkte aus der regionalen Kreislaufwirtschaft, komponiert die Gerichte aber frei und schafft neue Eindrücke.

Für die modern-deutsche Küche bietet es sich an, auch auf Waren aus der uralten Waldküche oder jungsteinzeitlichen Landwirtschaft zurückzugreifen, auf Dinge, die vorübergehend in Vergessenheit geraten waren, wie beispielsweise die Heckenfrüchte: Holunder, Hagebutte, Schlehe, Sanddorn. Exotisch wäre dann nicht länger das Bananenblatt, mit dem der Zander umwickelt und gegart wird, sondern das rötliche Sanddornfruchtöl, mit dem der Koch das weiße saftige Fischfilet auf dem Teller beträufelt, im Aroma zwischen Orange und Karotte.

Betörend ist für mich der Schlehenbrand, den man tröpfchenweise in eine Honig-Sahnequarkmasse einrührt, dazu etwas frisch gepresste Organe – über die Masse streut man geriebenen Apfel, gehackte Haselnüsse und Graumohn. Roh ist die gerbstoffreiche Schlehe so gut wie ungenießbar, aber als Obstbrand ein Zaubermittel, erinnernd an Pflaume, Mandel, Marzipan, voll von Hecken- und Waldwürze.

Nicht nur, dass diese uralten heimischen Zutaten, wenn sie auf adäquate Weise verarbeitet werden, über einen urtümlichen, tiefen und feinen Geschmack verfügen, sie erscheinen überhaupt als Urelemente einer heimatlichen Küche, die den Gerichten etwas Erzählerisches, Poetisches verleihen.

Dabei kommen Fleisch, Fisch und Krustentiere nur noch in Maßen zum Zug, so wie es früher einmal war, während Kräuter, Gemüse, Früchte, Vollkorn, Nüsse, Samen und Öle wieder in den Vordergrund rücken, am besten in Bio-Qualität. Die einzelnen Sachen, ob roh, ob schonend gegart, treten auf dem Teller individuell, klar erkennbar hervor; zugleich achtet der Koch auf Kontraste und Ausgewogenheit in Bezug auf Farbe, Gewebe, Geschmack. Das Motto im Gasthaus lautet: Geschichte und Gegenwart, Nachhaltigkeit und Frische, Individualität und Zusammenspiel.

Um 1850: Apfelweinwirtschaft, Frankfurter Grüne Soße, Leipziger Allerlei

Schon im 19. Jahrhundert hielt man in deutschen Landen bewusst an der moderaten Form des Gasthauses fest, an Orten, wo sich das Volk mischte, Jung und Alt, Männer und Frauen, aus allen sozialen Schichten. Zugleich gab es dort im gemächlichen Zeittakt etwas Neues. Während über Jahrhunderte Bier und Wein für das Gasthaus verbindlich waren, kam in Frankfurt am Main der Apfelwein in Mode. Zudem fand der Gast auf den Tellern nicht nur Gerichte mit viel Schweinefleisch und Sauerkraut, sondern auch vegetarische Speisen: Frankfurter Grüne Soße, Handkäs mit Musik, Salatschüssel.

In den damaligen Frankfurter Vororten, Sachsenhausen und Bornheim, entstand die neue Form des Apfelweinlokals. Eduard Beurmann schrieb 1835 in seinem Bericht *Frankfurter Bilder*: »Die Sachsenhäuser sind natur-gemütlich. (…) und wie sie denken, so sprechen sie: offen und frei (…). Gastfreundschaft ist in Sachsenhausen bei dem Äpfelwein und dem Handkäse zu Hause.« Es bildete sich in diesem südlichen Vorort die Gegenwelt zur vornehmen Gastronomie an der Zeil heraus: ergo mit Apfelwein und Handkäse, frechem Mundwerk und Volkstümlichkeit – auch das machte glücklich und versüßte den Alltag.

Die Grüne Soße war bis dahin in Frankfurt am Main noch unbekannt. Zwar liest man des Öfteren, dass schon Goethes Großmutter, die »Lindheimerin«, im frühen 18. Jahrhundert die Grüne Soße gekannt haben soll, doch das lässt sich nicht belegen. Auch Goethe selbst dürfte sie noch fremd gewesen sein. Doch die Grundlagen für die Grüne Soße und den Apfelwein waren Ende des 18. Jahrhunderts in Frankfurt am Main längst vorhanden.

Johann Heinrich Faber erklärte 1789 in seiner *Beschreibung der Reichs- Wahl- und Handelsstadt Frankfurt am Mayn*: »Die Produkte unseres Erdbodens, besonders unserer frischen Kräuter, Gemüse und Wurzeln giebt es um Frankfurt und Sachsenhausen in den ebenen Gegenden unglaublich viele (…). Bei der großen Fruchtbarkeit des Bodens sparen auch die Gärtner, die hier eine beträchtliche Zunft ausmachen, nichts, um uns mit vortrefflich gewachsenem und wohlschmeckendem Kräuterwerk überflüssig zu versehen.«

Noch waren aber die Wohnungen der Sachsenhäuser Gärtner von den Apfelplantagen und Kräuterbeeten getrennt, weil sich bis dato eine mächtige Wallanlage um Sachsenhausen zog, die erst nach 1800 geschliffen wurde. Wo die Festungsanlage verlaufen war, entstanden Gassen namens »Wallstraße« oder »Neuer Wall«, die nun ungehindert die Vorstadtgärten berührten. Bis heute reihen sich just hier mehrere Apfelweinwirtschaften.

Wilhelmine Rührig fügte schließlich in ihr *Praktisches Frankfurter Kochbuch*, das 1856 erschien, ein Rezept für Grüne Soße ein: »Ein hart gesottenes Eigelb wird mit 2 Löffel Salatöl ¼ Stunde ganz fein verrührt, mehrere Löffel feiner Senf darunter gemischt und ziemlich viel fein gehackte Gewürzkräuter als Borasch (Borretsch), Estragon, Petersilie, Körbel (Kerbel), Schnittlauch und Pimpernell(e) als dann Essig, Salz und Pfeffer dazu geben.« Diese Rezeptur hat sich im Laufe der Zeit ein wenig verändert, heute sind sieben Kräuter obligat: Borretsch, Kerbel, Schnittlauch, Sauerampfer, Kresse, Petersilie und Pimpinelle. Statt Eigelb und Öl nimmt man Sauerrahm und Joghurt, gewürzt mit Senf und Zitrone. Vermutlich machte sowohl das milde Klima der Mainstadt als auch das Messewesen, das den Handel mit Kräutersämereien einschloss, diesen Strauß an Grünzeug möglich.

Die Sachsenhäuser Gärtner hängten einen grünen Kranz vors Haus, um anzuzeigen, dass der neue Apfelwein ausgeschenkt werde. Und sie verwandelten die Wohn- in die Gaststube, stellten ein paar Tische und Bänke in den Garten, wenn es warm genug war, um dort zu hocken. Man muss deshalb nicht lange rätseln, woher der Name der Sachsenhäuser Apfelweinwirtschaft »Fichtekränzi«, Wallstraße 5, kommt: eben vom grünen Fichtenkranz, den der Wirt vor die Haustür hängte. Die Gärtnereien sorgten für das eine wie das andere: für Äpfel und Apfelwein, grüne Kräuter und Grüne Soße. So wurden Apfelwein und »Grie Soß« zum Duo eines leichteren, gesünderen Verzehrs. Apfelwein besaß weniger Alkohol als Wein und war verträglicher, die Grüne Soße schmeckte würzig-frisch und frühlingshaft.

Das »Fichtekränzi« besteht seit 1849 und lebt bis heute munter fort. An der ursprünglichen Einrichtung dürfte sich im Wesentlichen nichts verändert haben: Dielenboden, Wandvertäfelung, blanke Holztische und Bänke. Als Johann Heinrich Hasselhorst 1865 sein Gemälde *Apfelweinstube in Sachsenhausen* schuf, sah er nichts anderes: Auf einem blanken Holztisch stehen in der Mitte die wichtigsten Utensilien – Bembel und Gerippte, sprich rautenförmig gerippte Gläser, gefüllt mit Apfelwein, dem »Stöffche«, drum herum die vergnügten Zecher. Eine Kellnerin serviert eine Schüssel mit grünem Salat und Kräutern.

Nur ein paar Gehminuten vom »Fichtekränzi« entfernt, stößt man auf eine Keimzelle der Apfelweinwirtschaften, auf die »Affentorschänke«, Neuer Wall 9. Im Sommer 1808 hatte Georg

Abb. 10: Zünftige Stimmung: »Apfelweinstube in Sachsenhausen« von Johann Heinrich Hasselhorst, 1865

Friedrich Hartung, ein Königsberger Buchbindersohn, in sein Reisebuch notiert: »Drüben in Sachsenhausen wohnen die Lastträger, Feldarbeiter (Gärtner) und Kärcher (Straßenkehrer), die als enorm grobe Kerls allgemein bekannt sind. Ein Wirtshaus mit dem Schilde eines Affen ist ihr gewöhnlicher Zusammenkunftsort am Sonntage.«

Gut zweihundert Jahre später, im Dezember 2018, war die »Affentorschänke« heruntergewirtschaftet und insolvent. Ein Fall fürs Gasthaussterben? Im Gegenteil! Ein Fall für die Neugeburt als verjüngte Apfelweinwirtschaft – dieses Mal nicht als schlichte Schankwirtschaft mit rauen Sitten, sondern als gute Stube bürgerlichen Wohnens.

Die Wirtsleute Pia und Frank Winkler, die in der Nähe auch die romantisch versteckte Apfelweinwirtschaft »Daheim im

Abb. 11: Gaststube in der Apfelweinwirtschaft »Affentorschänke« in Frankfurt-Sachsenhausen, erneuert 2019

Lorsbacher Thal« betreiben, übernahmen das Lokal und nannten es nun, um die Zusammengehörigkeit zu betonen, »Daheim in der Affentorschänke«. Man bewahrte von der alten »Affentorschänke« so viel wie möglich, zugleich modernisierte man die Einrichtung und die Küche.

Bei gutem Wetter kann der Gast vor dem Haus unter schattigen Bäumen sitzen und auf eine denkmalgeschützte Fassade mit Schieferverkleidung schauen, innen zeigt die Einrichtung farbliche Verbindungen, die gewagter anmuten, als man es bisher von Apfelweinwirtschaften gewohnt ist. Schon das Biedermeier hatte Braun und Blau kombiniert. So sieht man in der »Affentorschänke« nun braune Vertäfelungen mit Wandbänken, auf denen blaue Polster liegen. Dazu werden cremefarbene

Wandflächen mit intensiven blauen Flächen kontrastiert. Das Ganze wirkt gefällig und bringt frischen Wind ins Lokal. Ohnehin ist die Deckplatte der Theke, wie es sich gehört, mit blitzblankem Kupfer verkleidet.

Die Küche fühlt sich dem mittleren Stil der Gasthausküche verpflichtet, kocht mit frischen, saisonalen, hauptsächlich regionalen Zutaten, teils von ökologischer Herkunft. Einnehmend gut schmecken schon die Basics. Das beginnt beim Apfelwein selbst, setzt sich fort beim Handkäse mit Musik als Vorspeise, bis hin zur Grünen Soße mit frischer und würziger Kraft, ob zum gegarten Ei, das nicht fest, sondern im Dotter noch leicht cremig ist, ob zum panierten Schweineschnitzel mit Bratkartoffeln, neuerdings allgemein Frankfurter Schnitzel genannt. Es ist eine Freude, diese einfachen Dinge in so guter Qualität zu erhalten. Die Frankfurter Küche öffnet sich hier aber auch für die traditionell-deutsche Küche, saisonal mit Osterlamm oder mit Weihnachtsgans.

Frank Winkler stammt eigentlich aus der Hochgastronomie. Seiner Familie gehört der renommierte »Schafhof« in Amorbach. Er selbst arbeitete zunächst in der Werbebranche und entschied sich schließlich, Gastronom und Kelterer zu werden. Den Apfelwein für die »Affentorschänke« wie für das »Lorsbacher Thal« stellt er selbst her, reintönig vergoren, ohne oxidativen oder muffigen Ton, vielmehr mit subtiler Säure und fruchtigem Aroma. Im »Lorsbacher Thal« bietet er daneben noch 300 verschiedene Apfelweine aus aller Welt an – quasi ein Eldorado für Apfelweinliebhaber. Man probiere dort einmal im sommerlichen Garten Jens Beckers Apfelwein von der Goldparmäne, mit brillant geschliffener Säure wie bei bestem Mosel-Riesling. So ahnt man, was das Stöffche alles kann.

Seit der Renaissance stand Frankfurt am Main gemeinsam mit Leipzig an der Spitze der Messestädte in Deutschland. Auch die Stadt an der Pleiße brachte ein jüngeres heimisches Gericht der leichteren Art hervor: das Leipziger Allerlei – im Kern ein frühsommerliches Gemüsegericht, veredelt mit Morcheln und Flusskrebsen. In seiner Machart etwas aufwendiger als die Grüne Soße, gehört es derselben Generation an.

Auch das Leipziger Allerlei wird heute gern älter gemacht, als es ist. Man liest des Öfteren, dass schon Susanna Eger in ihrem *Leipziger Kochbuch* aus dem frühen 18. Jahrhundert ein Rezept für dieses Gericht darbot. Davon kann aber nicht die Rede sein. Die Spur zu dieser Speise führt möglicherweise über die höfische Küche. François Le Goullon, der ehemalige Hofkoch der Herzogin Anna Amalia von Sachsen-Weimar-Eisenach, empfahl in seinem *Neuen Apicius* von 1829 »Blumenkohl mit Krebs-Coulis«, also eine Verbindung von Gemüse und eingekochter Krebssoße im klaren farblichen Kontrast: weiß und rot.

Friedrich Marold, der sich selbst »Stadtkoch in Leipzig« nannte, sprach schließlich 1860 in der zweiten Auflage seines *Allgemeinen Kochbuchs* vom »Leipziger Allerlei«. Die klaren Kontraste von Weiß und Rot sowie von Gemüse und Krebssoße sollten die wesentliche Rolle spielen. »Zu diesem allgemeinen Leipziger Lieblingsgemüse werden alle Gemüse des Frühsommers verwendet. Es sind dieß folgende: kurz geputzte Spargel, Blumenkohl, Carotten.« Zur Not waren auch andere Gemüse erlaubt: Kohlrabi, grüne Erbsen und grüne Bohnen, ergänzt von »frischen Morcheln«. Gleichzeitig sott man Krebse und stellte aus den Karkassen eine Krebssoße her. Am Ende vereinte der Koch das Gemüse – außer Blumenkohl – mit der Krebssoße und goss das rote Ragout in einen Suppenteller, darüber verteilte er die weißen Blumenkohlröschen, die Krebsschwänze und Semmelklößchen.

Es handelt sich um eine der feinsten Erfindungen der jüngeren kulinarischen Tradition hierzulande. Man wünscht sich heutzutage das Leipziger Allerlei öfter auf den Speisenkarten in deutschen Gasthäusern, so wie sich die Frankfurter Grüne Soße langsam über Hessen hinaus verbreitet. Vielleicht täte es auch die einfachere Version, quasi ein Weimarer Zweierlei, nach François Le Goullon: Blumenkohl mit Krebssoße.

Krustentierbrühen und -soßen zählen zum Feinsten, was die Kochkunst bietet, diese betörend mineralisch-kalkigen Aromen, die durch das Rösten der Schalen und Karkassen entstehen, rösten, ablöschen, rösten, ablöschen, mit Weißwein, Cognac, eine gewisse Süße und Bittere gewinnen, am Schluss verfeinern mit Rahm, Knoblauch und Zitrone, Safran und Dill, so würzig und warm, so frisch und tief – wirklich der Pflege im Gasthaus wert.

Marolds Kochbuch ist in mancher Hinsicht bemerkenswert. Vieles von dem, was heute zur traditionell-deutschen Küche gehört, erschien dort zum ersten Mal oder zumindest zu einem sehr frühen Zeitpunkt: neben dem »Leipziger Allerlei« das »Wiener Schnitzel«, das bis dahin in Wien selbst schlicht ein eingebröseltes Kalbsschnitzel genannt wurde, so bereits im 18. Jahrhundert im *Wienerischen bewährten Kochbuch* von Ignatz Gartler.

Marold achtete bei den Rezepten auf eine vereinfachte Namensgebung mit regionalem Bezug. Er sprach nicht nur vom »Leipziger Allerlei« oder vom »Wiener Schnitzel«, sondern kannte auch schon »Wiener Rahmstrudel«, »Schwäbische Spätzle«, »Bayerische Dampfnudel«, »Berliner Pudding« oder »Roulade von Rindfleisch«.

Vieles spricht dafür, dass ein Teil dieser kombinierten Wortschöpfungen von Marold selbst stammte – und wenn nicht, so zeigte er doch großes Interesse daran, sie in Mode zu bringen. Ein Begriff wie »Wiener Schnitzel« hatte einen anderen Schwung als die sachliche Umschreibung als eingebröseltes Kalbsschnitzel; der Name vermittelte Ortsgeist, Regionalität, Heimat. Das Gericht wurde zum identitätsstiftenden Element.

Entsprechend der eigentlichen Herkunft aus dem 18. Jahrhundert hat das Wiener Schnitzel etwas mit Wiener Barock zu tun. Eine prachtvolle Hülle macht mehr aus dem Inhalt. Wundervoll, wenn die Panade goldbraun und wellenförmig soufflíert ist, köstlich, wenn die röschen Brösel und das zarte, feine Fleisch, das noch leicht saftig ist, zusammenspielen.

Wirft man nun einen Blick in das 1791 erschienene *Neue Stuttgarter Kochbuch* von Friederike Luise Löffler, so sucht man dort Begriffe wie »Spätzle« oder »Maultauschen« noch vergebens. Anders sieht es aus, wenn man in das *Augsburgische Kochbuch* von Sophie Juliane Weber schaut, erstmals veröffentlicht 1788. Es enthält bereits ein Rezept für »Spazn« beziehungsweise »Wasserspazn«. Der Ausdruck »Spätzle« folgte schließlich in den späteren Ausgaben des Buches. Bei Marold wurden dann »Schwäbische Spätzle« daraus.

Die schwäbische Teigwarenküche, so wie man sie heute kennt, oder überhaupt vegetarische Gerichte oder vorwiegend vegetarische Speisen – Knöpfle, Spätzle, Maultaschen, Dampfnudeln, Strudel, Kartoffelsalat oder Handkäs, Frankfurter Grüne Soße, Leipziger Allerlei – gewannen erst nach 1800 so recht an Ansehen und Bedeutung.

Mehr oder minder alles Speisen aus dem Geist des Biedermeier – nach dem klassizistischen Motto der edlen Einfalt, man

Abb. 12: Die alte zweigeschossige Kaufmanndiele als Gastraum: in »Buddels Gasthaus« in Hamburg, erneuert 2018

könnte auch sagen, der klugen Schlichtheit: anständig und ehrlich, so schnörkellos wie elegant, verbunden mit der Idee, dass sich fast alle Leute diese Sachen leisten können, einigermaßen kostengünstig, volkstümlich, nicht fantastisch, kein Schwulst, keine Übertreibung, einfach gut.

Spätzle sind, frisch gemacht, etwas saftiger und vollmundiger als italienische Nudeln. Man nimmt für den Teig vielerorts nicht schlicht Weizenmehl, sondern eine etwas würzigere Weizen-Dinkel-Mischung oder nur Dinkel, überdies enthält der Teig mehr Eier als die norditalienische Pasta oder die Bandnudel. So kommt der gut geschlagene Spätzle-Teig nicht trocken, sondern halbflüssig ins sprudelnde Wasser, am besten handgeschabt vom Brett oder als Knöpfle gerieben. Die Form, die Farbe, der elastische Biss, das milde Aroma der Spätzle sind sich fast schon selbst genug. Aber die Variante als Käsespätzle kann unübertrefflich sein. Man nutzt dafür am besten einen geringen Teil des Siedewassers für die Soße, reibt verschiedene Bergkäse hinein und schwenkt die Spätzle in der Käsesoße.

In Stuttgart, der Schwabenmetropole, ist heute die »Weinstube Fröhlich« ein vorzüglicher Ort, um schwäbische Küche zu genießen. Auf blank gescheuerten, fünfzig Jahre alten Tischen werden Rinderkraftbrühe mit Flädle, geschmelzte Maultauschen mit Kartoffelsalat, Käsespätzle mit kleinem Salat oder Rostbraten mit Bratkartoffeln serviert. Die Gerichte beeindrucken durch klassische Vereinfachung, intensiven Ausdruck.

Auch die norddeutsche Küche wurde im 19. Jahrhundert mit neuen Gerichten bereichert. Es kam der Begriff »Hamburger Pannfisch« auf: bestehend aus zwei oder drei gebratenen Fischfilets, klassisch mit Kabeljau, Scholle und Aal, begleitet von Senfsoße, Spinat und Bratkartoffeln. Darüber hinaus wurde das Gericht »Birnen, Bohnen, Speck« beliebt sowie »Grünkohl mit Pinkel«.

In der Hansestadt Hamburg bietet heute »Buddels Gasthaus« gute norddeutsche Küche. Das Lokal befindet sich an der Grenze zwischen Altstadt und Speicherstadt, in der Deichstraße, in einem denkmalgeschützten Bürgerhaus von 1689, ausgestattet mit einer ehemaligen Kaufmannsdiele, über zwei Geschosse hoch, jüngst schnörkellos aufgehellt. Typisch für so manche Hansestadt, dass die hohe Kaufmannsdiele im Laufe der Zeit zur Gaststätte wurde.

In »Buddels Gasthaus«, das seit 2018 von den jungen Wirtsleuten Christine Heitmann und Michael Maaß geleitet wird, ist die traditionsreiche hanseatische Atmosphäre der Kaufleute und Pfeffersäcke unaufdringlich präsent, gepaart mit moderner Sachlichkeit. Serviert werden im saisonalen Wechsel Hamburger Pannfisch, Backfisch, Labskaus, ebenso Gemüse aus dem Alten Land mit Kräutern und Nüssen oder Rinderroulade mit Wirsing. Frische und Aromatik der Zutaten kommen gut zur Geltung. Vorweg kann der Gast auch heimische Austern bestellen, die kleine feine Sylter Royal. Der Gast vergnügt sich an zweifacher Tiefe: der zeitlich-baulichen und der kulinarischen.

Ein anderer Zuschnitt um 1900: Riesenlokal, Bräu- und Weinhaus

Als 1871 das zweite Deutsche Kaiserreich gegründet und die preußische Hauptstadt zur deutschen Kapitale wurde, veränderte sich Berlin. Das Zentrum wurde um das Achsenkreuz Unter den Linden / Friedrichstraße in eine moderne Metropole verwandelt. Neben Bürohäusern schossen Vergnügungstempel empor, Theater und Varietés, Konzertsäle und Museen, Grandhotels und Restaurants, Gasthäuser neuen Zuschnitts.

Von jetzt an stieg das Großkapital in die Berliner Gastronomie ein, nicht zuletzt bayerische Großbrauereien. In *Berlin und seine Bauten* aus dem Jahr 1896, herausgegeben vom Architekten-Verein zu Berlin und von der Vereinigung Berliner Architekten, erfährt man viel über diese Entwicklung. Ein Pionierbau war das Bierhaus »Zum Franziskaner«, eingerichtet in zwei Viadukten am Bahnhof Friedrichstraße. »Diese großartige Anlage«, hieß es, »ist zugleich das erste künstlerisch durchgeführte Beispiel jener erst seit Mitte der siebziger Jahre auftauchenden Riesenlokale, vom Berliner Volkswitz ›Bierkirchen‹ genannt.«

Die Münchner Großbrauereien brachten namhafte Architekten mit an die Spree, darunter Gabriel von Seidl, der für Spaten-Bräu tätig wurde. Er schuf an der Friedrichstraße ein Gebäude, das er als Bierpalast gestaltete. Seit 1885 konnte der Gast groß an der Fassade lesen: »Ausschank der Brauerei Zum Spaten von Gabr(iel) Sedlmayr München«.

Vorbild für die Inneneinrichtung war das Gasthaus der Spätgotik und Renaissance beziehungsweise das bürgerliche Kulturmuster der Dürerzeit. Der Architekturführer schrieb über das »Spaten«: »Kaum ein anderes Haus hat so bereitwillig Bürgerrecht in Berlin erworben, als dieser von Gabriel Seidl in München errichtete Bau. War er doch für Berlin auch künstlerisch gerade epochemachend (...). Als besonderes Verdienst dieses Baus ist die größte Einfachheit (!) der Formgebung, der Anklang an eine im besten Sinne bürgerliche Kunst zu betrachten.« Das klang fast so, als sei der Bau ein Vorgriff auf Jugendstil und Sachlichkeit gewesen.

Innen kam das klassische Gasthausinterieur zum Zug: »hohe Bordpaneele nebst Holzdecken aus dunkelgebeiztem Kiefernholz und einfach (!) geputzte Wandflächen, die im oberen Stockwerk in flotter und wirksamer Weise im Schnörkelstil deutscher Renaissance mit heraldischen Löwen, Adlern und mit Rankwerk geschmückt sind.« Während Destillen die Domänen der Männer waren, kehrten in den Bierpalast Männer und Frauen gemeinsam ein und genossen bürgerliche Behaglichkeit.

Daneben entstanden Weinhäuser. Aufsehen erregte seit 1905 die »Weinstube Haus Trarbach« in der Behrenstraße. Um einen Innenhof gruppierten sich große Säle, eingerichtet von dem Jugendstilkünstler Richard Riemerschmid aus München. Die großen Fenster zum Innenhof hin, die hydraulisch versenkt werden konnten, ließen eine enorme Lichtfülle in die Räume, ganz im Dienst der Lebensreform: mehr Luft, mehr Licht, mehr Jugend. Es war nichts mehr zu sehen von überladenen, historisierenden Formen, die die Innenräume in der zweiten Hälfte des 19. Jahrhunderts beherrscht hatten. Riemerschmid fühlte sich wieder dem Volkstümlich-Handwerklichen, dem Einfach-Eleganten des Biedermeiers und den natürlichen Formen der Arts-and-Crafts-Bewegung verpflichtet. Die rechteckigen Kassetten der Paneele wurden nach oben hin mit ovalen Rundungen geschmückt, darüber erschienen an der Wand Rosen in zarter lyrischer Ausmalung, von der Decke hingen an dünnen Kabelschnüren viele kleine ballonförmige Lampen, die etwas Träumerisches vermittelten.

Von alldem ist später kaum etwas übriggeblieben. Zur Zeit des Zweiten Kaiserreiches hatten aber Münchner in Berlin gastronomische Entwicklungshilfe geleistet. Zugleich wirkte das, was sie in Berlin machten, auf die bayerische Landeshauptstadt

Abb. 13: Jugendstil: der Rosensaal im Berliner »Weinhaus Trarbach« nach Entwürfen von Richard Riemerschmid von 1905 (zerstört im Zweiten Weltkrieg)

zurück. Mit einer gewissen zeitlichen Verspätung erhoben sich bald auch dort große Bierpaläste, die berühmt wurden.

Schon 1589 hatten die Wittelsbacher in München im Alten Hof ein Bräuhaus gegründet, um die Hofgesellschaft mit gutem Bier zu versorgen. 1607 entstand dann in der Nähe ein zweites höfisches Bräuhaus, an jenem Ort, den man später Platzl nannte. Irgendwann wurde das Bier für den Hof nur noch dort gebraut. 1828 verfügte König Ludwig I., dass das Hofbräuhaus am Platzl nicht nur Bräuhaus, sondern auch Gasthaus sein soll. Er legte später sogar einen niedrigen Bierpreis fest, damit die Hofschänke eine Volksschänke sei.

Wiederum einige Zeit später, 1896, beschloss Prinzregent Luitpold, die Brauerei zu verlagern und das alte Gebäude durch einen neuen Bierpalast zu ersetzen, der ausschließlich der Bewirtung von Gästen dienen sollte. Es entstanden räumliche Dimensionen, die die Berliner Bierpaläste noch übertrafen. 1897 öffnete das neue »Hofbräuhaus am Platzl« seine Pforten. Den Hauptgastraum bildete im Erdgeschoss die Schwemme, eine große Schankwirtschaft unter kraftvollem Kreuzgratgewölbe mit Pfeilern. Insgesamt konnte das Haus in mehreren Geschossen samt geräumigem Biergarten im Innenhof etwa 4000 Gäste aufnehmen. Das »Hofbräuhaus« wurde zu einem Münchner Monument, wenn nicht zu einer nationalen Ikone.

Allerdings lag die Frage nahe, ob diese Größenordnung noch etwas mit dem traditionellen deutschen Wirtshaus zu tun habe: ob nicht Größe und Quantität wichtiger wurden als Qualität und Gemütlichkeit. Der Journalist und Schriftsteller Otto Julius Bierbaum veröffentlichte 1907 im *Morgen* eine launische Betrachtung über »München«. Ein Herr Nudlmeier meinte darin: »Es gibt überhaupt kein München mehr. Seit 1871 ist diese

Stadt langsam, aber sicher preußisch geworden. Es ist rum mit aller Gemütlichkeit.« Bemerkenswerterweise wurde dann aber doch das Hofbräuhaus davon ausgenommen: »Wenn nicht die ›Keller‹ noch wären und die Schwemm im Hofbräuhaus, und der Salvator, und die Wies'n am Oktoberfest, so könnte man gerade so gut überhaupt gleich nach Berlin auswandern.«

Ausländische Besucher staunten, dass in der bayerischen Landeshauptstadt sogar »feine Damen« Maßkrüge stemmten. Für die Neuseeländerin Katherine Mansfield gehörten das Schwabinger Künstlerleben und der Biergenuss zusammen. In ihrer Erzählung *In einer deutschen Pension* (1911) heißt es: »Aber Sie müssen nach München fahren. Sie haben Deutschland nicht gesehen, wenn Sie nicht in München waren. Alle Ausstellungen, das ganze künstlerische und geistige Leben Deutschlands ist in München. (…) und es gibt Bier! Sie wissen nicht, was gutes Bier ist, wenn Sie nicht in München waren.«

Die Prinzregentenzeit, sprich die Regentschaft von Prinz Luitpold von 1886 bis 1912, galt in München als »Goldene Epoche«. In einer Rede, die Thomas Mann 1926 in der Münchner Tonhalle hielt, blickte er auf diese Zeit zurück: »Erinnern wir uns, wie es in München war vorzeiten, an seine Atmosphäre, die sich von der Berlins so charakteristisch unterschied! Es war eine Atmosphäre der Menschlichkeit, des duldsamen Individualismus, der Maskenfreiheit sozusagen; eine Atmosphäre von heiterer Sinnlichkeit, von Künstlertum; eine Stimmung von Lebensfreundlichkeit, Jugend, Volkstümlichkeit.«

Doch die Verhältnisse hatten sich zwischenzeitlich geändert. Kummer, Leid, Erniedrigung, die der Erste Weltkrieg mit sich brachte, lasteten auf München besonders schwer, weil man sich zuvor, so Thomas Mann, ein wenig zu behäbig auf dem Bekenntnis »Mir san gsund!« ausgeruht habe. Die Stimmung kippte nach 1918: »Wir mußten es erleben, daß München in Deutschland und darüber hinaus als Hort der Reaktion, als Sitz aller Verstocktheit und Widerspenstigkeit gegen den Willen der Zeit verschrien war.«

Seit 1920 war das »Hofbräuhaus«, insbesondere sein oberer Festsaal, ein bevorzugter Ort nationalsozialistischer Versammlungen. Die gastronomische Harmlosigkeit hörte auf, gemütlich zu sein. München drohte unwirtlich zu werden. Im Zweiten Weltkrieg erlitt das »Hofbräuhaus« schließlich schwere Schäden. Original erhalten blieb die Schwemme einschließlich einiger blanker Holztische aus der Gründerzeit.

Die übrigen Teile des Hauses wurden nach 1945 rekonstruiert. Die bunte Bemalung des Gewölbes im vorderen, hohen Teil der Schwemme mit kathedralartiger Anmutung ist eine Zutat aus den 1960er Jahren. Fast könnte man sich heute an die riesige Brasserie »La Coupole« in Paris erinnert fühlen, geschaffen in den 1920er Jahren als der »größte Speisesaal der französischen Hauptstadt«, wie man sagte, mit bunt bemalten Pfeilern im Stil des Art déco. Die räumlichen Ausmaße sind jedenfalls ähnlich, ob feine Brasserie, ob wuchtige Bierhalle – und das reizvolle Gefühl, Gast in einer großen Stadt zu sein.

So gut wie alle Münchner Großbrauereien hatten in München um 1900 Großgaststätten gebaut, die man »Bräuhaus« oder »Bräu-Ausschank« nannte. Fast alle wurden im Zweiten Weltkrieg zerstört und danach wiederaufgebaut. Im »Schneider Bräuhaus« im Tal, das ursprünglich »Weißes Bräuhaus« hieß und 1903, nahe dem Marienplatz, errichtet wurde, sieht die Schwemme heute beinah wieder genauso aus wie auf Fotos aus der Zeit um 1905. Diese Treue zum Original hat den Vorteil, dass dem

Abb. 14: Aus der Prinzregentenzeit: Schwemme im Münchner »Hofbräuhaus am Platzl« mit bemaltem Gewölbe aus den 1960er Jahren

Gast die neuerliche dörfliche Heustadel-Glückseligkeit in der Großstadt erspart bleibt. Vielmehr freut man sich hier über Anklänge urbanen Jugendstils. Das hauseigene Weizenbier, die Schneider Weisse, hat Craft-Bier-Qualität.

Wenigstens einer der alten Münchner Bierpaläste hat sich unbeschadet erhalten: das »Augustiner Stammhaus« in der Neuhauser Straße, entstanden um 1897, schräg gegenüber der Michaelskirche und der ehemaligen Augustinerkirche. Architekt war Emanuel von Seidl, der Bruder von Gabriel von Seidl. Auch hier kam, wie in Berlin an der Friedrichstraße, der klassische Stil des deutschen Gasthauses zum Zug: Holzboden, dunkle Vertäfelung, umlaufende Wandbänke, helle Holztische, weiße Wände über der Vertäfelung, besonders konsequent durchgeführt in der Bierhalle im östlichen Teil des »Augustiner Stammhauses«, während im westlichen Teil, im Restaurant, etwas von der Salonstube anklingt, teils mit weiß gedeckten Tischen und stuckiertem Gewölbe. Emanuel von Seidl hatte für die Entwürfe des Interieurs bereits den jungen Richard Riemerschmid hinzugezogen. Bis heute sitzt, trinkt und isst man hier gut und nimmt am Geschehen eines großen Wirtshauses teil: im Flair zwischen dürerzeitlichem Wohnen, oberbayerischer Salonstubenkultur und Riesenlokal der Belle Époque mit Muschelsaal.

Mein Münchner Lieblingsgasthaus ist aber in der Größe maßvoller: das Gasthaus »Beim Sedlmayr« in der Westenriederstraße, nahe dem Viktualienmarkt, eröffnet 1989 durch den populären Volksschauspieler Walter Sedlmayr, der die ehemals typischen, kleineren Wirtshäuser in der bayerischen Landeshauptstadt vermisste. Nunmehr bietet dort Rudi Färber, ein Freund von Eckart Witzigmann, sorgfältig zubereitete bayerische Gerichte an, natürlich Schweinsbraten, aber auch verschiedene Kalbsinnereien.

Schließlich taucht seit einiger Zeit in München ebenso der Typus des verjüngten Gasthauses auf, etwa die entzückende Gaststätte »Goldmarie« in der Schmellerstraße, südlich der Theresienwiese, farblich aufgehellt, mit leichterer Kost, darunter vegane Gerichte, fein komponiert (s. Abb. S. 2).

Hauptstadt: Auf dem Weg zum verjüngten Gasthaus von heute

Für das bürgerliche Selbstverständnis der Deutschen boten sich im Laufe der Zeit verschiedene Epochen an, an denen man sich orientieren konnte: die Dürerzeit, die Goethezeit, die Prinzregentenzeit in München. Schließlich kamen die Goldenen

Zwanziger in Berlin hinzu, die eine bislang ungewohnte Freizügigkeit boten.

Auch nach dem Untergang des Kaiserreiches 1918 blieb die Metropole die deutsche Hauptstadt. Die Energien des Landes strömten nach wie vor dorthin, zugleich konnten sich Bürger und Künstler nun freier entfalten. »Epochemachend« waren jetzt allerdings nicht mehr die Bierpaläste, sondern Varietés, Kabaretts, Revuetheater, Tanzdielen, Bars und Nachtlokale. Der Besucher der Stadt wollte etwas vom Freigeistigen und Avantgardistischen, vom Lasterhaften und Babylonischen erhaschen, das man Berlin nachsagte.

Da das Schloss der Hohenzollern jetzt verwaist war, verlor auch die nahe Friedrichstraße etwas an Glanz. Vormals galt diese Meile als Inbegriff großstädtischen Lebens, jetzt wirkte sie in manchen Stellen schon altbacken oder vermittelte Talmiglanz. Curt Moreck meinte 1931 in seinem *Führer durch das lasterhafte Berlin*, die Friedrichstraße sei »gar nicht mehr das typische Berlin (...). Hier ist eine große und gewiss nicht schlechte Industrie, die von und für die Neugierigen existiert. Hier spielt man mit billigem Aufwand für die Scharen der Gut- und Leichtgläubigen die Komödie vom ›Sündenbabel‹ Berlin.«

Das neue Zauberwort hieß Kurfürstendamm – samt Tauentzien. Dort, im Westen der Stadt, flanierten nun die Berliner selbst und fühlten sich in der Gegenwart. Moreck erklärte: »Zwischen Abend und Morgen wandelt hier eine Menschheit, der das Leben leicht geworden zu sein scheint.« Wichtig war nicht mehr so sehr die soziale Herkunft, sondern dass man sich durch Lebensform auswies, Talent, Haltung, Schick, Geschmack: »Der Wille zur Schönheit ist in allen Lebensäußerungen dieser Straße, dieser Menschen.«

Man lebte in einer nachhöfischen Ära, in der doch noch etwas von der seigneuralen Eleganz fortlebte. Zugleich fühlte man sich getragen von der Kraft des Industriezeitalters. Kachelöfen wurden durch Zentralheizung ersetzt; überall brannte elektrisches Licht, Tag und Nacht; Pferdedroschken wurden von Automobilen und S-Bahnen verdrängt. Das Leben gewann an Fahrt und Tempo; man hatte Lust, auf dem Vulkan zu tanzen.

Nicht jeder konnte sich das leisten. Der Mythos der Goldenen Zwanziger wurde vornehmlich von wohlhabenden Bürgern und Bohemiens getragen, von Journalisten, Redakteuren, Schriftstellern, Theaterdirektoren, Regisseuren, Schauspielern und Schauspielerinnen, Tänzerinnen und Tänzern, Kabarettisten, Musikern, Malern, Bildhauern. Der magische Treffpunkt war für sie das »Romanische Café«, an der Nahtstelle zwischen Kurfürstendamm und Tauentzien, mit Blick auf die Gedächtniskirche – dort, wo heute das Europa-Center steht.

Das Lokal war das Gegenteil von geselligem Salon oder gemütlichem Gasthaus. Damit schien es nun vorbei zu sein. Es ging nicht mehr ums Sitzenbleiben oder Hocken, sondern ums Kommen und Gehen. Else Lasker-Schüler schrieb: »Tür auf, Tür zu, hier geht es zu wie auf einem Bazar.« So oder so wurde es schwer, dort einen Platz zu bekommen.

Die Berliner Boheme verkündete ein neues Lebensgefühl: Demokratie, Kosmopolitismus, Sport, Beweglichkeit, Kunstnähe, Expressionismus, Neue Sachlichkeit, Bauhaus. Alles, was Tempo bot, war attraktiv. Gutes Bier wie in München, Wein wie in Wien oder Feinschmeckerei wie in Paris – all das wurde bestenfalls nebenbei erwähnt.

Sesshaftigkeit und Trägheit waren verpönt. Schon 1920 hatte Bruno Taut sein Buch *Die Auflösung der Städte oder Die Erde*

Abb. 15: Selbstbewusste Halbweltdamen schneien ins »Romanische Café« in Berlin hinein. Aquarell von Jeanne Mammen, um 1930

eine gute Wohnung veröffentlicht und darin geklagt: »Steinhäuser machen Steinherzen.« Sein Kollege und Mitstreiter Walter Gropius, der einer renommierten Berliner Architektenfamilie entstammte, löste schließlich wie kaum ein anderer die Wände auf und schuf Glasfassaden, wie 1925 / 26 am bezaubernden Hauptgebäude des Bauhauses in Dessau: so schlicht, so klar – und doch so raffiniert und inspirierend. Ein Mitarbeiter seines Architekturbüros, Carl Flieger, legte schließlich 1929 die Pläne für die Ausflugsgaststätte »Kornhaus« in Dessau vor, mit einem verglasten halbrunden Vorbau nach Westen hin. Das Mantra der Einfachheit wanderte vom Biedermeier über Arts and Crafts, Jugendstil und Sachlichkeit zum Bauhaus, bis nur noch dünne Metallstäbe und Glas übrigblieben und nichts mehr den Blick auf die Natur störte.

1933 war es aber mit der freieren Lebensart vorbei. Die Nationalsozialisten verkündeten einen neuen Ernst, eine neue Zucht, eine neue Unterordnung. Im Grunde waren sie aber ekstatischer denn je gesinnt. Sie schufen Feindbilder und predigten Hass, wollten sich an Gewalt berauschen, entfesselten den Furor eines neuen Weltkriegs.

Die Siegermächte machten kurzen Prozess und teilten den Staat auf. Berlin verlor seinen Status als gesamtdeutsche Hauptstadt. Ost und West kochten eine Zeitlang ihr eigenes Süppchen, bis 1989 die Mauer fiel. Man beschloss, Berlin abermals zur gesamtdeutschen Hauptstadt zu machen. Wieder strömten die Energien des Landes hierhin.

Es waren damals an der Spree immer noch Brachflächen vorhanden, die vom Zweiten Weltkrieg herrührten. Leerstehende Häuser und Fabrikhallen boten billigen Mietraum für Gastronomie und Künstlerateliers. Auf junge Leute wirkte die Stadt

Abb. 16: Bauhauskultur: verglaster halbrunder Vorbau der Ausflugsgaststätte »Kornhaus« am Elbdeich in Dessau, entstanden nach Plänen von Carl Flieger 1929/30. Das Lokal wurde in jüngerer Zeit mit denkmalpflegerischer Akkuratesse restauriert und ist gut in Schuss.

wie ein Experimentierfeld, wo alles möglich schien. Menschen aus aller Welt fühlten sich angezogen. Die Hoffnungen ruhten nicht darauf, dass sich in Berlin viel Geld verdienen lasse, sondern dass man sich hier als Mensch verändern kann.

So werden heute in Berlin neue bürgerliche Lebensmuster erprobt: Talent entfalten, etwas schaffen, über ein hinreichendes Einkommen verfügen, zugleich Muße haben, lesen und sich bilden, auf gesunde Ernährung achten und sich bewegen, ebenso in Maßen reisen, eine Persönlichkeit werden, ein Kenner und Connaisseur, dabei die Freundschaft pflegen, Familien- und Gemeinsinn entwickeln und die Umwelt schützen.

War Berlin Anfang des 20. Jahrhunderts noch ein Pionier des

Industriezeitalters, so gehört es nun, umgekehrt, zu den Wegbereitern einer postindustriellen Gesinnung. Die Parole lautet nicht mehr, mit Großprojekten das Unterste zuoberst zu kehren, sondern in behutsamen Schritten die Welt umzumodeln. Zur bestimmenden Gruppe wird das kreative Milieu der innerstädtischen Kieze: Lebensmittelhandwerker, Gastronomen, Köche, Sommelièren, Atelier- und Maßschneiderinnen, Künstler aller Art, Studenten, Akademiker, Wissenschaftler.

Die hergebrachte Hierarchie zwischen mechanischen, angewandten und freien Künsten löst sich auf. Ohnehin haben sich die klassischen Künste selbst dekonstruiert. Es gilt im Grunde die benediktinische Devise: »Ora et labora« – achte die Dinge der göttlichen Natur und arbeite zugleich mit der Hand. Das eine ist so wertvoll wie das andere: ästhetische Haltung und nützliche Vorgehensweise, geistige Versenkung und sinnliche Annehmlichkeit. Food, Fashion, Comfort, Culture sind gleichrangig.

Lagen in Berlin nach dem Fall der Mauer noch trashige Techno-Clubs und – am anderen Ende der gastronomischen Leiter – erlesene Restaurants im Fokus der Medien, so vollzog sich still und einstweilen unauffällig das eigentliche Wunder: Berlin entwickelte sich zu einer Food-Metropole, in der die Hochküche nur noch ein Element unter anderen ist. Nach 2005 gewann dieses Phänomen langsam an Schwung. Städtisches Gärtnern, Wochenmärkte, Markthallen, Streetfood, Food Week, Eat Week, neue handwerkliche Lebensmittelbetriebe, moderne Gasthäuser und Restaurants wurden zu Formen von urbaner Kunst.

Der Zeitmensch ist nicht mehr der Tänzer, der digitale Surfer oder Hipster, sondern der umweltfreundliche Connaisseur und Kenner – der Naturliebhaber, der Kunstverständige, der Feinschmecker. Ihm geht es nicht um die »feinen Unterschiede« als Distinktionsgewinn oder interesselose Blasiertheit à la Bourdieu, sondern um die feinen Unterschiede als subtiles Erlebnis in Kunst und Natur, beim Essen und Zusammensein.

Das deutet nicht automatisch auf den »Besserverdiener« hin. Entscheidend ist nicht, ob man sich den umweltschonenden Genuss gleich leisten kann, sondern ob man bereit ist, die Ausgaben umzuschichten: weniger für technologischen Konsum, Autos, Nah- und Fernflüge, mehr für geerdete Dinge, die der eigenen Natur und der Umwelt zuträglich sind.

Das Gasthaus blüht gemeinsam mit erneuertem Lebensmittelhandwerk auf, traditionsnahen Bäckereien oder Craft-Bier-Brauereien. Damit verbunden ist ein Revival des Kiez-Gefühls, sprich der Ausbau von kleinstädtischen Strukturen innerhalb der großen Stadt, die Pflege von überschaubaren Vierteln mit Verkehrsberuhigung, Fuß- und Fahrradwegen. Der Kiez als wohltuendes mittleres Maß, als idealer Ort für Gasthaus und Handwerk.

Die »Markthalle Neun« im Kreuzberger Wrangelkiez spielt beim Crafts-Movement in Berlin eine wichtige Rolle. Vor gut zehn Jahren wirkte die Halle fast tot, nur noch ein paar Discounter in Containern waren dort übriggeblieben und machten das Geschehen anonym. Jetzt blüht die Halle unter verändertem Konzept wieder auf. Mehrere Neugründungen des Lebensmittelhandwerks befinden sich darin, dazu kurbelt die Halle den Handel mit Gemüse und anderen Produkten aus der Region an.

Das totgesagte Gasthaus regt sich wieder, weil es über Eigenschaften verfügt, die dem neuen Lebensstil entgegenkommen, als ein moderater mittlerer Stil: alltagstauglich, leicht zugänglich, hierarchisch flach, menschenfreundlich, gemütlich-hyggelig, für den Geldbeutel nicht gleich ruinös, orts- und traditionsverbunden, ohne weltfremd zu sein.

Bemerkenswert, dass beim erneuten Aufschwung des Gasthauses in Berlin wieder einmal Süddeutsche im Spiel sind, Bayern, Schwaben, Österreicher – quasi die alte Kelten-Riege. 1995 hatten drei Ankömmlinge aus München das »Engelbecken« in Kreuzberg übernommen. Vorbild war für sie das »Gasthaus Zum Fischmeister« in Ambach am Starnberger See, das der Familie Bierbichler gehört. 1984 hatte es Annamirl Bierbichler, die Schwester des Schauspielers Josef Bierbichler, an ein linkes Kollektiv aus München verpachtet, unter der Bedingung, dass das Gasthaus eine Speisewirtschaft bayerischer Prägung bleibt.

So erzählt es Marion Moutell, die dort Mitte der achtziger Jahre als Kellnerin gearbeitet hat, zwei- bis dreimal in der Woche, während sie ansonsten in München der Malerei nachging. Zwischendurch zog sie nach Berlin, weil es ihr in der bayerischen Kapitale »zu eng« geworden war, und übernahm 1995 mit zwei anderen Gesellschaftern, Wolfgang Stoye, ihrem Mann, sowie Stefan Vetter, das »Engelbecken«. Man holte eine Zeitlang den Koch Karl Edelmann aus dem »Fischmeister« hierher. Frau Moutell ließ sich von ihm das Kochen beibringen, bis sie selbst in der Lage war, den Posten der Küchenchefin zu übernehmen.

1999 zog das »Engelbecken« innerhalb Berlins um: von Kreuzberg nach Charlottenburg, in den Witzleben-Kiez um den Lietzensee. »Wir haben uns bei der Suche nach einem neuen Ort Zeit gelassen«, berichtet Frau Moutell, »wir wollten keinesfalls in die anonyme Mitte ziehen, sondern in eine gewachsene innerstädtische Wohngegend. Hier geht's ja zu wie auf dem Dorf, es ist alles da: der kleine See, die Kirche und das Wirtshaus.«

Seit 2017 betreibt man im selben Haus auch ein Zweitlokal, die »Schankwirtschaft Engelbecken«. Eigentlich sind beide Lokale Speisewirtschaften, aber in der Schankwirtschaft kann der Gast einfach mal bloß dasitzen, ein Bier trinken und sich unterhalten. Das Hauptlokal, die Speisewirtschaft, ist um einiges größer und stellt ein klassisches Berliner Eckgasthaus mit L-förmigem Grundriss dar. Es wurde 1999 grundsaniert. Dem Ganzen sollte nichts Antiquiertes anhaften. Der Besucher betritt helle und klare Räume, ein verjüngtes Gasthaus von heute, so wie es bei der Eröffnung in Berlin noch unbekannt war. Ein Pionierbetrieb.

Unentbehrlich für den Gasthauscharakter erschienen umlaufende Wandbänke und blanke Holztische, an denen mehrere Leute zusammensitzen können. Man entschied sich für Tische aus hellem Ahorn, die jeden Abend mit Kernseife gereinigt werden und sich samtig anfühlen. Anfangs waren diese halblangen Tische für das Publikum noch ungewohnt. Jedes Paar wollte partout für sich allein einen langen Tisch haben. »Wir dachten wirklich schon darüber nach, sie auseinanderzusägen«, verrät die Chefin. Man ließ es glücklicherweise sein. Denn das Gasthaus war wieder im Kommen: das menschliche Miteinander am größeren Tisch, Umgang, Gespräch, Lebensart. Der Begriff »Family style« gab dem Ganzen einen kosmopolitisch klingenden Namen.

Zwischenzeitlich hat sogar die *New York Times* das »Engelbecken« entdeckt. 2018 war dort zu lesen, dass es in Berlin viele Lokale gebe, die von sich behaupten, das beste Wiener Schnitzel in der Stadt zu machen, doch das »Engelbecken« habe tatsächlich das beste. So ist es – simple Perfektion. Das Fleisch dafür stammt vom Rücken des Bio-Kalbs, gut abgehangen, butterzart und feinwürzig, die Panade wellenförmig souffliert und rösch, prachtvoll barock. Was das amerikanische Medium nicht verriet, ist, dass auch der Kartoffel-Gurken-Salat dazu umwerfend gut schmeckt.

Man habe das Wiener Schnitzel vorübergehend mal von der Karte genommen, gesteht Frau Moutell, weil es für sie nicht unbedingt zur bayerischen Küche gehöre. »Doch die Stammgäste gingen auf die Barrikaden«, fährt sie fort, »also setzten wir es wieder auf die Karte.« Zentral für das Gasthaus bayerischer Prägung ist für sie der Schweinsbraten mit Kruste, Kartoffelknödel und Krautsalat. Auch dafür stammt das Fleisch von Tieren aus artgerechter Haltung, und die Soße für den Braten wird selbstverständlich aus dem Bratensatz mit Knochen und Gemüse gezogen, verfeinert mit dunklem, malzbetontem Bier.

Mittlerweile hat sich Frau Moutell weitgehend zurückgezogen. Junior-Küchenchef und Nachfolger ist Maik de Riese-Meyer, der den Stil des Hauses fortsetzt. Er hat vormals im Berliner Gourmet-Restaurant »Margaux« unter Michael Hoffmann gekocht. Hoffmann hatte sich damals westlich von Potsdam einen eigenen Kräuter- und Gemüsegarten angelegt, den nun Peter Janoth versorgt. Von hier bezieht jetzt auch das »Engelbecken« Kräuter und Gemüse von besonderer Güte und Würze.

Typisch für das Gasthaus von heute, dass sich dort auch Köche aus der Hochküche wohlfühlen und die Speisenkarten mit neuen Ideen bereichern. Maik de Riese-Meyer fügt pflanz-

Abb. 17: Marion Moutell und Maik de Riese-Meyer vor einem Gemälde von Frau Moutell im Berliner »Engelbecken«, eingerichtet 1999

lich-vegane Gerichte hinzu. Hinreißend die sommerliche Vorspeise »Tomate aus Peters Garten«. Auf weißem Teller liegen schlicht unterschiedliche halbierte Tomaten, rund, oval, rot, gelb, grün. Jedes Stück schmeckt ein wenig anders, ist aber im Grundton stets süß-säuerlich und fein, abgerundet von grasig-würzigem Olivenöl und frisch duftendem, pfeffrig-süßem Basilikum und Basilikumblüten, wie man es selten auf der Zunge hat. Fast gewinnt man den Eindruck, als rücke Berlin näher an den Süden heran.

Marion Moutell hat jetzt wieder mehr Zeit zum Malen. Bilder von ihr hängen im Lokal. Auf einem ist in neblig schleierhaften Umrissen eine Frau im Dirndl zu erkennen, farben- und lebensfroh, fast ein wenig engelsförmig, an Chagall erinnernd, mit breitem Becken, Engelsbecken, Kellnerin, die die guten Dinge bringt, bayerisch-biedermeierlich, gleichzeitig leicht und schwebend, ohne Enge.

Zu einem anderen Berliner Parade-Gasthaus neuerer Prägung wurde das »Alpenstueck«, 2007 eröffnet in der Gartenstraße, im nördlichen Teil von Berlin-Mitte. Obwohl es jetzt, im Herbst 2020, nach vierzehn erfolgreichen Jahren geschlossen wurde, gehört es zur Geschichte des verjüngten Gasthauses unbedingt dazu. Es hat Epoche in Berlin gemacht und verdient eine Hommage in diesem Buch. Die Chefin, Iris Schmied, eine studierte Betriebswirtin und Architektin, will sich jetzt wieder mehr der Architektur und Inneneinrichtung widmen. »Die Schließung«, sagt sie, »erfolgt nicht aus der Not heraus.«

Immer wieder hatten bei ihr, der gebürtigen Reutlingerin, die Erinnerungen an die Sonntagsausflüge mit den Eltern auf der Schwäbischen Alb die Sehnsucht nach dem Gasthaus hervorgerufen. Auch ihr schwebte ein Gasthaus im modernen Sinn vor, Traditionelles mit zeitgemäßem Design. Das »Alpenstueck« zog in ein klassisches Berliner Eckgasthaus mit L-förmigem Grundriss ein. Bei der Neueinrichtung herrschten elegante hellgraue Töne vor: mit einer meterhohen hellgrauen Täfelung ringsum, vom Schreiner maßgerecht gefertigt, gepolsterten grauen Sitzbänken und Holztischen, dazu als belebendes Element ein übergroßer poppiger Lampenschirm sowie eine Wand aus gestapelten Holzscheiten.

Helles Grau war und ist ja eine Farbe unserer Zeit. Kaum jemand stört sich daran, quasi ein gemeinsamer Nenner, eine Farbe der stillen Eleganz, nicht zuletzt in der modernen Malerei beliebt, man denke nur an gewisse Bilder von Gerhard Richter. Zugleich stellen zeitgenössische Architekten helles Grau zur Schau, indem sie mit poliertem Beton arbeiten. Bloß kein Zuviel an Dekor, keine Überversorgung mit Bedeutung. Allerdings soll das Ambiente auch nicht zu eindeutig bedeutungslos sein, sondern ein subtiles Spiel entwickeln. So nahm sich das Interieur im »Alpenstueck« zurück, sorgte für eine ruhige Atmosphäre, setzte aber auch urtümliche Reize mit der Wand aus gestapelten Holzscheiten als Liebeserklärung an die Behaglichkeit des Holzes und die Vorstellung von Kaminfeuer, in das man Scheit auf Scheite legt.

Auch die Küche übte sich in vornehmer Zurückhaltung, verzichtete auf kreatives Spektakel. Im »Alpenstueck« pflegte man, nach eigener Aussage, eine »süddeutsche Heimatküche«. Schwerpunkt war in diesem Fall nicht die bayerische, sondern die schwäbische Küche, beispielsweise Maultaschen mit Blattsalat sowie Spätzle mit Allgäuer Bergkäse oder Zwiebelrostbraten. Hinzu kam Österreichisches, Wiener Schnitzel mit Kartoffelsalat oder Apfelstrudel mit Vanillesoße.

»Hier in Mitte«, sagt Frau Schmied heute, »spürt man das Neue früher als anderswo. 2007 war das ›Alpenstueck‹ das Neue. Jetzt aber hatte ich den Eindruck, dass das kulinarische Konzept noch einmal verändert werden müsste: ganz und gar hin zum Vegetarischen, durchaus schwäbisch, mit Flädle, Spätzle, Gemüse-Maultauschen, aber ohne Fleischgerichte.« Sie stand vor der Entscheidung, entweder kulinarisch noch mal von vorn anzufangen oder sich wieder stärker der Architektur zuzuwenden. »Letztlich kam ich zu dem Schluss«, erklärt sie, »dass jetzt die jüngere Generation an der Reihe ist.«

Die Gartenstraße, wo sich das »Alpenstueck« befand, mündet von Norden her in die Torstraße ein und setzt sich südlich davon als Kleine Hamburger Straße fort, die ihrerseits auf die Linienstraße stößt. In diesem Umfeld sind in den letzten Jahren mehrere wegweisende Lokale entstanden, die man als verjüngte Gasthäuser von heute oder als Gasthaus-Restaurants bezeichnen kann.

Die Torstraße ist zu einer neuen Ausgehmeile geworden, zumal für junge Leute. Sie folgt im Norden von Berlin-Mitte der ehemaligen barocken Stadtgrenze. Darum ist die Torstraße auch leicht gebogen, wie ein Neumond. Man kann nicht sagen, dass sie schön sei. Aber das ist ja das Paradoxe: Weil sie noch nicht perfekt ist, zieht die Achse Neues an, noch frei von Konventionellem und Luxusmarken, die in allen Metropolen dieser Welt dieselben sind.

Attraktiv ist nicht nur die Torstraße selbst, sondern eben auch das Drumherum, Straßen, die in sie münden oder parallel zu ihr verlaufen. Obwohl nicht weit voneinander entfernt, geht es in der schmalen Linienstraße viel ruhiger zu als in der Torstraße. Es haben sich dort Häuser aus der Mitte des 19. Jahrhunderts erhalten, die behutsam restauriert wurden und ein dezentes Farbspiel zeigen, weitgehend frei von Werbung, vor allem im westlichen Abschnitt. In den Erdgeschossen entdeckt man Galerien, Geschäfte für Interieurs und Mode sowie Gasthäuser und Restaurants, mit anderen Worten: Food, Fashion, Comfort, Culture.

An der Kreuzung Linienstraße / Kleine Hamburger Straße leuchtet abends das »Lokal«. Gegründet 2011 von Maren Thimm, Hotelfachfrau und Betriebswirtin, sowie ihrem damaligen Lebens- und Geschäftspartner Gary Hoopengardner, einem Künstler, Kontrabassisten und Maler sowie leidenschaftlichen Koch. Der Amerikaner sollte die Küche leiten, sie den Service. Sie restaurierten eigenhändig die zwei Gasträume ums Eck, unterstützt von der Architektin und Designerin Katja Buchholz, die aus recyceltem Holz Tische baut. Die Räume wurden weiß gestrichen, klar und ruhig, gleichzeitig aber bestückt mit blanken Holztischen und Stühlen in unterschiedlicher Größe, mit Möbeln, die etwas Improvisiertes an sich haben und die Atmosphäre auflockern.

Gary Hoopengardner ist mittlerweile verstorben. Heute führt Maren Thimm allein den Betrieb. Und Küchenchef ist längst ein Koch, Stefan Langelüttich, der eine exzellente Ausbildung genoss: Lehre in »Brenners Park-Hotel« in Baden-Baden, danach »Suvretta House« in St. Moritz sowie »Schlosshotel Reinhartshausen« in Erbach, damals unter Küchenchef Joachim Wissler. Langelüttich liebt das kreative Kochen und bindet seine Crew in diesen Prozess mit ein. Der Küchenstil ist modern-deutsch.

Angloamerikanische Schlagworte, die seinerzeit Hoopengardner für das »Lokel« übernommen hatte, gelten noch immer: »from farm to table and from nose to tail«, sprich die Zusam-

Abb. 18: Kluge Zusammenstellung des Heterogenen: klare, ruhige Räumlichkeit mit lebendigen Möbeln aus Holz im Gasthaus-Restaurant »Lokal«, eingerichtet 2011

menarbeit mit Bauern und Gärtnern im Umland, in der Uckermark oder im Spreewald, sowie die ganzheitliche Tierverarbeitung, eben Nachhaltigkeit, auch wenn diese Leitlinien nicht mehr ganz so strikt eingehalten werden wie früher. Ein renommierter Großhändler bringt nun auch Fische.

Die Speisekarte ist klein, ein Zeichen, dass alles frisch zubereitet wird. Vegetarisches durchmischt sich mit Fleischigem. Als Vorspeise kommt »Wildblumenkohl, Kürbis, Hanf, Ziegenkäse«. Der Blumenkohl wurde im Tempura-Teig gebacken, ist knusprig und cremig zugleich, begleitet von einer würzigen Barbecuesauce.

Beim Hauptgang liegen Lammkoteletts und Leber in der Mitte. Typisch für das »Lokal«, dass Fleisch und Innerei gemeinsam auf dem Teller erscheinen. Die frisch aufgeschnittenen Koteletts leuchten saftig und rosarot und schmecken köstlich, die Leber fügt eine herbere Note dazu. Und fast scheint es, als befinde sich die Petersilienwurzel noch in der Gartenerde; doch es handelt sich um geröstete Pumpernickelbrösel, die einen gewissen Crunch beisteuern. Unterlegt ist alles von einer Vinaigrette mit Marillenmarmelade. Fabelhaft.

Man gewinnt den Eindruck, als sei Maren Thimm eine geborene Gastgeberin und Wirtin. Sie mag die Menschen, eine gute Stimmung im Haus, ein volles Lokal – und es ist in der Regel immer voll. »Kommt doch herein«, sagt sie zu den Leuten, selbst wenn anscheinend kein Platz mehr frei ist, »setzt euch kurz an die Bar, bald haben wir einen Tisch für euch.« Im größten Stress versteht sie es, den Gast freundlich zu empfangen.

Die Aura improvisierter Einrichtung wird heute längst von der Kettengastronomie mit Convenience-Food imitiert, um Individualität vorzuspielen, aber diese Art von Gastlichkeit, wie sie Frau Thimm verkörpert, lässt sich nicht kopieren. Dazu braucht man Herz und Sympathie für die Gäste, die Mitarbeiter, die Lokalität. Die Chefin ist fast jeden Tag im Lokal, hilft an der Theke und im Service mit, und gelegentlich macht sie, wie sie sagt, »ein Praktikum in der Küche«, damit sie weiß, wie es dort so läuft. Die Kunst der Improvisation verbindet sich im »Lokal« mit echtem Handwerk und familiärem Sinn.

Wichtig sei Gemütlichkeit, meint Frau Thimm, »Gasthausatmosphäre, aber trotzdem nichts Eingestaubtes«. Der Service erscheint in Alltagskleidung nach eigenem Gusto. Er soll sich in seiner Haut wohlfühlen und natürlich und nett auf den Gast zugehen. Die blanken Holztische werden mit weißen Stoffservietten und Gläsern geschmückt. Und um die gute Weinauswahl mit deutschem Schwerpunkt kümmert sich die Chefin selbst.

Das Publikum ist bunt gemischt: Leute aus der Nachbarschaft, Galeristen der Linien- und der Auguststraße, die gelegentlich ihre Maler mitbringen, Filmleute während der Berlinale, amerikanische Geschäftsmänner, japanische Familien, Doktoren, Liebespaare, Singles. Ein Autor der *New York Times* war schon da und lobte das »fashionable farm-to-table-restaurant«. Ein Anflug von großer weiter Welt – und doch so traulich-treuherzig an der Ecke verortet.

Just zwischen Linien- und Auguststraße, den beiden Galeriemeilen, verläuft die Joachimstraße. Maren Thimm betreibt dort zusätzlich die »Kantine« – keine Kantine im herkömmlichen Sinn, sondern ein anregender Treffpunkt, sowohl Betriebskantine als auch offen für Passanten. Großen Anteil daran hat der Erbauer, das Architekturbüro Chipperfield, das in Berlin mit Gebäuden auf der Museumsinsel für Furore sorgt: mit dem wiederbelebten Neuen Museum und der James-Simon-Galerie.

Urbane Orte schaffen, jenseits von Kommerz, für die bürgerliche Begegnung, das ist das Mantra von David Chipperfield. Der Brite setzt in Berlin die Tradition von Schinkel, Mies van der Rohe und der Bauhaus-Schule fort, bevorzugt klare Formen und Schlichtheit, reduziertes Material, das etwas Dauerhaftes verkörpert.

Bestens können sich daran die Ideale des verjüngten Gasthauses und der modernen Gasthausküche anschließen: Maß und Genüge, ein gewisser Purismus und bedachte Einfachheit, der schonende und wertschätzende Umgang mit den Ressourcen, frische Zutaten, die mit handwerklichem Können und Kunstverstand verarbeitet werden.

So ist die »Kantine« eigentlich die »Chipperfield-Kantine«, weil sich dort die Mitarbeiter des Architekturbüros, rund einhundertzwanzig Leute, täglich treffen können, ob morgens zum Frühstück, ob mittags zum Lunch oder nachmittags zum Kaffee. Gleichzeitig steht die »Kantine« Leuten aus der Nachbarschaft offen oder den Flaneuren der August-, der Linien- und der Torstraße.

Der Chipperfield-Campus erstreckt sich in die Tiefe. Dem Vorderhaus folgt kein gewöhnlicher Hinterhof, sondern ein fließender Raum, in den Gebäude hineingestellt wurden. Der Besucher durchschreitet den Tordurchgang des Vorderhauses, fühlt sich nach hinten gezogen und erblickt linker Hand einen einfachen Baukörper aus Beton, zweigeschossig, an der Vorderseite mit großen Fenstern, kompakt und doch transparent. Es ist just die Kantine, der eine Terrasse vorgelagert ist – eine verlockende, luftige Hofräumlichkeit.

Auf den ersten Blick erscheint es ungewohnt, dass ein modernes Gebäude mehr Beton als Glaswand zur Schau stellt. Ein Bau für die Ewigkeit, denkt man sich, nichts Ephemeres, Flüchtiges. Aber der fließende Hofraum macht das Ganze gleich sympathisch, hinzu kommt die Terrasse, grün beschattet von Dachplatanen, der Boden belegt mit hellem Splitt, der herrlich knirscht, wenn die Leute mit ihren Tellern und Gläsern hin und her laufen und einen Platz an den hellgrau gestrichenen Gartentischen suchen. Nirgendwo ein Fitzelchen von Werbung, keine knallbunten Sonnenschirme, die den Eindruck des Natürlichen und Erholsamen mindern könnten. Das lockt die Menschen an: eine werbefreie Zone.

Für die Terrasse und die Begrünung war der belgische Gartenarchitekt Peter Wirtz verantwortlich, für den Bau der Kantine

Alexander Schwarz, Design Director und Partner von Chipperfield in Berlin. Es sei nicht darum gegangen, so Schwarz, eine neue Typologie für die »Kantine« zu entwerfen, sondern ein typisches Chipperfield-Gebäude zu errichten, das vielseitig nutzbar ist und auch als Kantine eingerichtet werden kann. Hier können Architekturliebhaber und mögliche Auftraggeber erleben, wie sich die Räume eines Chipperfield-Baus anfühlen, wenngleich sie ungewöhnlich wirken, abstrakt und klar. »Die polierte Betonwand«, sagt Schwarz, »ist eine Alleskönnerin – sie ist Außen- wie Innenwand, bietet Schutz und Geborgenheit, Ruhe und Aufgeräumtheit, gibt nicht vor, mehr zu sein, als sie ist.«

Innen erblickt der Gast eine lange, hellbraune Lederwandbank, davor kleine Tische und einen Laufweg. Diesem folgt ein langgestreckter Tresen aus Beton mit Marmorplatte – teils Theke mit Kasse, teils Arbeitsplatz für die Köche. Im oberen Gastraum stehen große Eichenholztische und Bänke, von David Chipperfield selbst entworfen, klar und geradlinig, ganz so, als handle es sich um ein Signum von Bodenhaftung, Gewicht, Materialität, Handwerk – Widerstand gegenüber dem allzu Flüchtigen.

Doch dem Ganzen haftet nichts Antiquarisches oder Nostalgisches an, weil sich der Raum zugleich zum zeitgenössischen Stoff des polierten Betons bekennt. Ein Ort auf der Höhe der Zeit, ambipolar, indem sich handwerkliche und industrielle Fertigung verbinden. Ähnliches gilt auch für die verjüngte Gasthausküche. Sie nutzt moderne Technik bei den Kühlsystemen, der Belüftung und manchen Geräten, pflegt aber hauptsächlich Handwerk und Kunstverstand bei der Zubereitung.

Graugrüne Vorhänge bringen etwas Sanftes in das Obergeschoss. Man sitzt an langen Tischen mit Leuten, die man nicht

Abb. 19: Revival des großen Wirthaustisches vor poliertem Beton: die Berliner »Chipperfield-Kantine« im Obergeschoss

kennt, mit denen man aber leicht ins Gespräch kommt. Denn das Wasser, das in Karaffen gratis auf dem Tisch steht, wird unter den Gästen herumgereicht. Man erlebt das, was die digitale Welt nicht kennt, fühlt, wie es ist, wenn sich der menschliche Körper in einem körperhaften Raum bewegt, nimmt lebendige Sinnlichkeit wahr, Wärme, Düfte, Aromata, Blicke. Der Alltag, das Wohnliche, die Ernährung, die Bekömmlichkeit der Speisen und der Umgang mit Menschen – all das wird hier ernst genommen, ohne steif zu wirken.

Wenn es darum ginge, eine Typologie für die zeitgemäße Einrichtung eines Gasthauses zu entwerfen, so könne er sich, erklärt Alexander Schwarz, durchaus die klassischen Elemente vorstellen: Dielen, hochliegend auf Schwellen, nicht auf den Boden geklebt, gern aus Nadelholz, am liebsten aus Lärche, die etwas edler sei, unbehandelt, nur mit Seife und Sand gereinigt; dazu helle blanke Holztische aus Ahorn, ebenfalls unbehandelt, nur geseift, samtig und silbrig; gegebenenfalls eine halbhohe Vertäfelung mit Furnier aus Walnussbaum, die Furnierbilder gespiegelt, nicht geschoben, ornamental und behaglich, darüber die hellgraue, polierte Betonwand, die klarmacht, dass die Vertäfelung zum Ausbau gehört. Sympathisch wäre Schwarz auch ein Kachelofen, weil er mit seiner Körperlichkeit den menschlichen Körper anspricht und Wärme mit ihm austauscht, ganz anders als ein Heizungsrohr.

Unbehandelte Holzböden und Tische machen mehr Arbeit bei der Reinigung, aber die Anmutung solcher Böden und Tische vermittelt Kultur, widersetzt sich einseitiger Optimierung, die die Aura beeinträchtigt. Vielleicht sind solche Idealvorstellungen nichts als Romantik – vielleicht die Zukunft. Das wird sich zeigen.

In der Küche ist der Trend zu mehr Natürlichkeit und frischer pflanzlicher Kost bereits unübersehbar. Mag der Fleischverbrauch der Deutschen pro Kopf immer noch hoch sein, so wurde in der Gastronomie mittleren Stils die Trendwende längst eingeleitet. Vegetarische oder vegane Küche, regionale Lieferanten, Vermeidung von Plastik und Abfall: All das ist en vogue als nachhaltige Alltagspraxis und Lebensart.

Die neue vegane Küche ist eine Bereicherung, selbst dann, wenn man als Zeitgenosse nicht gänzlich zum Veganer wird, sondern dem Typus des Flexitariers zugehört, der sich vorwiegend pflanzlich ernährt, dann und wann aber auch Milchprodukte, Eier, Fisch oder Fleisch aus artgerechter Haltung isst. So oder so: Der Veganismus fördert eine genauere Wahrnehmung der Lebensmittel, weil durch die freiwillige Begrenzung der Zutaten nicht mehr alles beliebig zur Verfügung steht. Man muss neu über Geschmacksträger nachdenken, über Pilze, Nüsse, Öle. Es kommen Veränderungsprozesse in Gang: hin zu mehr Tierwohl, Biodiversität, bekömmlicher Kost. In Gasthäusern gehören vegane Gerichte längst zum Repertoire und setzen reizvolle Akzente.

So gelten im »FREA«, an der Ecke Torstraße / Kleine Hamburger Straße, eröffnet 2019, die Leitbegriffe »vegan zero waste«. Auf der Homepage des Lokals beginnt der einleitende Text wie ein Manifest oder Glaubensbekenntnis: »Wir von FREA glauben an eine nachhaltige und gesunde Zukunft für uns alle, an eine Stärkung der regionalen Ökobauern und daran, dass wir all das gemeinsam schaffen können. (…) Unsere regionalen Produzenten und Lieferanten verstehen unsere Philosophie und helfen uns dabei, Plastikverpackungen zu vermeiden. Wir produzieren keinen Müll – alles, was an Essensresten anfällt, wird innerhalb von 24 Stunden in unserer Kompostiermaschine zu einem Bodenersatzstoff verarbeitet und geht an unsere Lieferanten.«

Patron und Kreator des Ganzen ist David Suchy, der vorher als Model in der Modebranche und im Produktdesign tätig war. Nach einem Wechsel von Fashion zu Food entdeckte er zunehmend Schönheit auch in den Lebensmitteln sowie die Freude an Begegnungen mit Gleichgesinnten, dem gemeinsamen Kochen, Essen, Trinken. »Es hat sich immer mehr darum gedreht«, erklärt er, »nachhaltig, bewusst, gesund zu leben.«

Unterstützt von seiner Frau Jasmin Suchy, einer vormaligen Unternehmensberaterin, machte er sich an die Planung des »FREA«. Der Begriff des Gasthauses spielte für ihn keine Rolle, weil er glaubte, es sei etwas Gestriges. Nichtsdestotrotz liegen ihm Kernelemente des Gasthauses am Herzen. Das gilt nicht nur für die frischen Lebensmittel in handwerklicher Verarbeitung, sondern auch für die Einrichtung und Atmosphäre. Man sieht Wandbänke mit Kissen, blanke Eichenholztische mit glitzernden Gläsern und flachumgelegten Stoffservietten, ohne Getue. »Gemütlichkeit«, sagt er, »ist sehr wichtig, ebenso ein moderates Preisgefüge.«

Es handelt sich, wie so oft beim verjüngten Gasthaus in Berlin, um ein Eckgasthaus mit L-förmigem Grundriss, hier mit offenem Durchbruch zur Küche. Gäste, Wirt und Wirtin, Kellnerinnen und Kellner, Köche und Köchinnen bilden schon für das Auge eine Einheit, von der Energie ausgeht. Vor dem Haus kann man zur warmen Jahreszeit auf der Terrasse sitzen, eingerahmt von Holzkästen mit grünen Pflanzen. Man sieht Studenten und junge Akademiker oder Menschen, die sich jung fühlen, Leute aus der Nachbarschaft, Start-up-Unternehmer, Flaneure, bunt gemischt.

Zur Begrüßung erhält der Gast das hauseigene Brot mit Gewürzöl. Es ist ein sauerteigfermentiertes Brot aus Roggen, Dinkel und Weizen. Wunderbar die krachende Kruste, der herzhafte Touch des Brotes. Als Gast fasst man gleich Vertrauen in die Küche. Das vermeintlich Einfache wird sehr gut gemacht. Brot gehört seit Tausenden von Jahren zur abendländischen Tradition und wird im »FREA« angemessen gewürdigt.

Als Vorspeise kommt Kartoffel-Fenchel-Salat, untermalt von einer Safran-Mayonnaise mit verführerischer Aromatik: Honig, Leder, Erde, dazu erfrischende Apfelstreifen und knusprig gebackene Kartoffelschalen. Eine feine Komposition. Als Hauptgang wird Wirsing-Roulade mit gegrillter Süßkartoffel und sämiger Champignonsoße serviert. Es ist, als käme man mit dem

Abb. 20: Gemütlich-hyggelig im »FREA«: mit Wandbänken, Kissen, Eichenholztischen

Urgeschmack von Champignon in Berührung, mit Anklängen von Wiesengrund (selbst wenn es sich in Wahrheit um duftig-morbiden Humus einer Zuchtanlage handelt), im Aroma reduziert, verdichtet, tief und würzig.

Traumhaft schließlich die Schokoladenmousse zum Nachtisch, aufgeschlagen mit hausgemachter Schokolade aus fermentieren Kakaobohnen, ganz so, als lerne man Schokolade neu kennen, so köstlich bitter und zugleich reich im Geschmack. Die »FREA«-Küche dringt tatsächlich tiefer in die Dinge ein. Dann und wann arten die Gerichte zwar noch in ein Vielerlei aus, oft aber muten sie schon klar und ausdrucksstark an, nah an den Idealen der verjüngten Gasthausküche.

Der Gast kann Alkoholisches dazu trinken: Craft-Bier oder Weine von Ökowinzern, darunter Naturweine aus biodynamischem Anbau, spontanvergoren, mit krautig-kräuterartigem

Aroma und Charakter. Oder er entscheidet sich für ein alkoholfreies Getränk: etwa für den hausgemachten, feinperlenden und erfrischenden Kombucha, ein Gärgetränk auf der Basis von fermentiertem Grünen Tee. Nicht minder köstlich schmeckt zum Schluss der Kaffee mit selbstgemachter Haselnussmilch.

Die bisherige Chefin des benachbarten »Alpenstuecks«, Frau Schmied, hat dafür gesorgt, dass ihre jungen Kollegen vom »FREA« in Zukunft zusätzlich ihr Lokal bespielen werden, natürlich unter anderem Namen – der im Moment noch nicht feststeht – und mit verändertem Konzept: eben »vegan zero waste«, jedoch nicht als Kopie des »FREA«, nicht schlicht als Gasthaus, sondern diese Mal näher am Fine Dining.

Nirgends steht geschrieben, dass das Gasthaus von heute alle Elemente des traditionellen Gasthauses aufweisen müsste. Es genügt, wenn der Gast das eine oder andere davon wiederfindet, Hauptsache, ein Gefühl von Gemütlichkeit, eleganter Einfachheit, eine Küche mit guter Produktpflege, maßvollem Aufwand, maßvollen Preisen, offen für jedermann – von einfach-volkstümlich bis urban-puristisch.

Wenn der Flaneur in Berlin nun bis ans westliche Ende der Torstraße läuft und nördlich in die Chausseestraße einbiegt, stößt er rechter Hand bald auf ein modernes Gebäude aus Glas, Stahl und Beton, in dem das »Rutz« eingerichtet ist: im Erdgeschoss die Weinbar, oben das Restaurant. Geschäftsführender Küchendirektor ist Marco Müller, einer der besten Köche hierzulande, seit 2020 mit drei Michelin-Sternen ausgezeichnet. Umsichtig baut er, der gebürtige Potsdamer, seit mehreren Jahren für seine Küche eine exzellente regionale Produktkultur auf, in engem Austausch mit den Erzeugern, geleitet von dem Prinzip: vom Bauernhof auf den Tisch – wenngleich in weltoffener Manier

Abb. 21: Kühle Eleganz und Wärme: »Rutz-Zollhaus« in Berlin-Kreuzberg

auch einige Zutaten aus der Ferne dabei sind. Abends wird bei ihm nur ein einziges Menü angeboten, doch das ist in unglaublicher Feinheit und ausgefeilter Gartechnik zubereitet, nichts Verkünsteltes ist daran, sondern alles nah am frischen, tiefen Geschmack.

Müller hat gleichzeitig ein Faible für den moderaten mittleren Stil. So gibt es seit Mai 2020 ein weiteres Lokal unter seiner Regie: das »Rutz-Zollhaus« in Berlin-Kreuzberg – in diesem Fall in idyllischer Lage am Landwehrkanal; außen mit gepflegter Gartenterrasse, innen klar und sachlich, in hellgrauem Ton, mit umlaufenden Wandbänken, Eichenholztischen und Kachelofen; die Küche zwischen traditionell-deutsch und moderndeutsch, von der Bratwurst über gegrillten Kopfsalat mit ausgelassenem Speck bis hin zu Königsberger Klopsen mit Kapern, Forellenkaviar und Schnittlauchöl. Alles frisch und mit Akkuratesse zubereitet, ohne Mätzchen, ohne Dekonstruktion. Es geht schlicht um Verfeinerung, ein noch genaueres Garen sowie um eine gewisse Entschlackung, ohne an Geschmack einzubüßen.

Entzückend das Raucharoma im Kopfsalat oder die Feinheit der Klopse, subtil die Liaison zwischen den weichen milden Kalbfleischbällchen und den feinsäuerlichen Kapern. Mit einem Mal wird man auch im »Zollhaus« aus dem Alltag hinausgezaubert. Wenn man die Brust vom Weidehuhn mit Karotte und Liebstöckel isst, denkt man sich: Phänomenal, so gut kann Huhn schmecken, so zart und saftig, so mildwürzig und einzig! Hinreißend zum Nachtisch der Käsekuchen mit Stachelbeere und Holunder.

Müller und sein junger Küchenchef im »Zollhaus«, Florian Mennicken, schaffen Maßstäbe, zeigen, wie delikat traditionell-deutsche bis modern-deutsche Küche sein kann, wenn sie ernst genommen wird. Es dürfte im Augenblick nicht leicht eine andere Metropole in Europa zu finden sein, wo der Gast zu so moderaten Preisen so gut essen kann wie in Berlin in gasthausaffinen Lokalen wie dem »Rutz-Zollhaus«.

Die Weinkarte beginnt hier mit einer Auswahl aus dem Saale-Unstrut-Gebiet, jener Weinbauregion, die Berlin am nächsten liegt. An Sonntagnachmittagen sitzen an den großen Tischen in der Mitte junge Eltern mit ihren Kindern und Freunden. Das Ganze hat etwas Heimatlich-Gemütliches an sich, ohne verstaubt zu sein, der Service nett und aufmerksam. Ein mustergültiges verjüngtes Gasthaus von heute.

ADRESSEN UND EMPFEHLUNGEN

I

Gasthäuser und Lokale, die im Buch erwähnt oder beschrieben werden.

Ambach am Starnberger See:
 Fischmeister, Seeuferstr. 31
Bamberg:
 Rauchbier-Brauereigasthof Schlenkerla, Dominikanerstr. 6
 Rauchbier-Brauereigasthof Spezial, Obere Königsstr. 10
Berlin:
 Alpenstueck, Gartenstr. 9, Mitte (geschlossen)
 Engelbecken, Witzlebenstr. 31, Charlottenburg
 FREA, Torstr. 180, Mitte
 Kantine (»Chipperfield-Kantine«), Joachimstr. 11, Mitte (zurzeit geschlossen)
 Kurpfalz-Weinstuben, Wilmersdorfer Str. 93, Charlottenburg
 Lokal, Linienstr. 160, Mitte
 Rutz-Restaurant, Chausseestr. 8, Mitte
 Rutz-Zollhaus, Carl-Herz-Ufer 30, Kreuzberg
Buttenwiesen-Pfaffenhofen an der Zusam in Bayerisch-Schwaben:
 Gasthof Straub, Am Dorfanger 29 (zurzeit geschlossen)
Dessau:
 Kornhaus, Kornhausstr. 146
Frankfurt am Main-Sachsenhausen:
 Affentorschänke, Neuer Wall 9
 Fichtekränzi, Wallstr. 5
 Lorsbacher Thal, Große Rittergasse 49
Hamburg:
 Buddels Gasthaus, Deichstr. 37, Altstadt

Miltenberg am Main:
Gasthaus zum Riesen, Hauptstr. 99
Hotel zum Riesen, Hauptstr. 97
München:
Augustiner Stammhaus, Neuhauser Str. 27, Altstadt
Goldmarie, Schmellerstr. 23, Schlachthofviertel
Hofbräuhaus, Platzl 9, Altstadt
Schneider Bräuhaus, Im Tal 7, Altstadt
Beim Sedlmayr, Westenriederstr. 14, Altstadt
Nürnberg:
Essigbrätlein, Weinmarkt 3, Altstadt
Bratwurstküche Zum Gulden Stern, Zirkelschmiedgasse 26, Altstadt
Stuttgart:
Weinstube Fröhlich, Leonhardstr. 5, Leonhardsviertel
Ulm:
Gaststätte Krone, Kronengasse 4, Altstadt
Volkach am Main:
Gaststube Schwane 1404 im Hotel Zur Schwane, Hauptstr. 12
Würzburg:
Bürgerspital Weinstuben, Theaterstr. 19, Altstadt

11

Gasthäuser, die im Buch nicht vorkommen, aber einen Besuch wert sind.

Bamberg:
Wirtshaus Mahrs Bräu, Wunderburg 10
Berching-Plankstetten in der Oberpfalz:
Schenke der Benediktinerabtei Plankstetten, Klosterplatz 1

Berlin:

Hallmann & Klee, Böhmische Str. 13, Neukölln
Hinterland, Gneisenaustr. 67, Kreuzberg
Wirtshaus Moorlake, Moorlakeweg 6, Wannsee
Prater Gaststätte, Kastanienallee 7, Prenzlauer Berg
Renger-Patsch, Wartburgstr. 54, Schöneberg

Born am Darß:

Walfischhaus, Chausseestr. 74, am Hafen

Braunsbach in Hohenlohe:

Gasthaus zum Löwen, Hauptstraße 44-46

Frankfurt am Main:

Wirtshaus am Hühnermarkt, Markt 16-18, Altstadt

Gnotzheim-Spielberg in Mittelfranken:

Gasthof Gentner, Spielberg 1

Halle an der Saale:

Krug zum Grünen Kranze, Talstr. 37, am Saale-Ufer

Hamburg:

Vlet an der Alster, Jungfernstieg 7, Neustadt

Immenstaad am Bodensee:

Seehof, Bachstr. 15

Inzell im Chiemgau:

Forsthaus Adlgaß, Adlgaß 1

Köln:

Haus Töller, Weyerstr. 96, Altstadt

Leipzig:

Auerbach's Keller, Grimmsche Str., Mädler-Passage 2-4, Altstadt

Lübeck:

Schiffergesellschaft, Breite Str. 2, Altstadt

Meersburg am Bodensee:

Winzerstube zum Becher, Höllgasse 4, Oberstadt

München:
Gaststätte Großmarkthalle, Kochelseestr. 13, Sendling
Norddorf auf Amrum:
Ual Öömrang Wiartshüs, Bräätlun 4
Ramsau im Berchtesgadener Land:
Gasthof Auzinger, Hirschbichlstr. 8
Sachsenkam im bayerischen Voralpenland:
Klosterbräustüberl Reutberg, Am Reutberg 2
Schweigen-Rechtenbach in der Pfalz:
Weinstube Jülg, Hauptstr. 1
Seehausen in der Uckermark:
Huberhof, Dorfstr. 49
Siegsdorf-St. Johann im Chiemgau:
Mesnerwirt, St. Johann-Str. 22
Stralsund:
Zum Scheele im Scheelehof, Fährstr. 23-25, Altstadt
Treuchtlingen-Schambach in Mittelfranken:
Zum Güldenen Ritter, Burggasse 1
Vogtsburg im Kaiserstuhl:
Winzerhaus Rebstock, Badbergstr. 22
Wolframs-Eschenbach in Mittelfranken:
Alte Vogtei, Hauptstr. 21

BILDNACHWEIS

Affentorschänke, Frankfurt am Main: Abb. 11

akg-images, Berlin: 10 (Museum Römerberg, Frankfurt); 15 (Städtische Galerie, Albstadt)

Architekturmuseum der TU München: 13

Bayerisches Landesamt für Denkmalpflege, München: 4, 5 (Foto: Eberhard Lantz); 8, 14 (Foto: Michael Forstner)

David Chipperfield Architects, Berlin: 19 (Foto: Ute Zscharnt)

FREA, Berlin: 20 (Foto: JUNI Fotografen)

Goldmarie, München: Frontispiz (Foto: Eva Jünger)

Klassik Stiftung Weimar: 7 (Fotothek)

Lokal, Berlin: 18 (Foto: Kilanowski)

St. Gallen Stiftsbibliothek: 2

Jürgen Wenzel, Berlin: 21

Abb. Abb. 12, 16 und 17 stammen aus dem Archiv des Autors.

Alle weiteren Abbildungen stammen aus dem Archiv des Insel Verlags.

DANK

Der besondere Dank gilt meinem Freund und Verleger Jonathan Landgrebe, der Vertrauen in das Thema hatte. Meine Lektorin Gesine Dammel hat die Arbeit wesentlich gefördert, durch Gespräche, Anregung und Korrektur. Über die Gestaltung des Buches durch die Verlags-Graphikerin Anke Rosenlöcher freue ich mich sehr.

 Bezugspapier: Nasenschild des Hotels Post in Burghausen; Foto: Hans Mitterer, Burghausen. Gesetzt in der Schrift Adobe Garamond Pro. Karten: Peter Palm, Berlin. Gedruckt auf holzfreies, alterungsbeständiges Werkdruckpapier der Firma Cordier, Bad Dürkheim von der Memminger MedienCentrum AG. Gebunden in Fadenheftung von der Conzella Verlagsbuchbinderei GmbH & Co KG, Aschheim-Dornach.

Printed in Germany. ISBN 978-3-458-19497-2